Samoa – eine Reise in den Tod

Samoa — eine Reise in den Tod

Die Briefe des Obermatrosen Adolph Thamm S.M. Kanonenboot EBER 1887–1889

Eingeleitet und kommentiert
von Karl-Theo Beer

Kabel

MENSCHEN & SCHIFFE

Für das Deutsche Schiffahrtsmuseum
herausgegeben von Ursula Feldkamp

© 1994 Ernst Kabel Verlag, Hamburg
Redaktion: Ursula Feldkamp (verantwortlich), Uwe Schnall
Umschlag: Theodor Bayer-Eynck
Titelillustration: Zeitgenössisches Aquarell von Otto Sierich
Stilisierte Darstellung eines Wracks vor Apia nach der Sturmkatastrophe 1889
Satz & Lithographie: H & G Herstellung, Hamburg
Druck und Bindung: Clausen & Bosse, Leck
ISBN 3-8225-0273-1

1 3 5 7 9 10 8 6 4 2

Inhalt

Einführung

Durch einen Artikel über den Kleinen Kreuzer EMDEN, den ich für eine schiffahrtshistorische Zeitschrift geschrieben hatte, aufmerksam geworden, erinnerte sich ein Leser aus Berlin eines unscheinbaren Buches, das sich seit mehr als drei Generationen im Besitz seiner Familie befindet. Die Befürchtung, daß es nach seinem Tode möglicherweise auf dem Müll landen könnte, veranlaßte ihn, mir eine Kopie zur Prüfung zu überlassen.

Beim Lesen der Zeilen wurde sofort klar, daß es sich um ein außergewöhnliches Zeitdokument handelt. Das Buch enthält die gesammelten Briefe des Obermatrosen Adolph Thamm aus Gransee bei Berlin von seiner Dienstzeit auf dem Kanonenboot EBER von 1887 bis zum Untergang des Bootes durch einen der schrecklichsten Taifune vor Samoa im März 1889, geschrieben an seinen Bruder Otto.

Mit äußerst wachen Augen beschreibt der 22jährige Matrose nicht nur das Leben und den Dienst an Bord eines Schiffes der Kaiserlichen Marine, auch die angelaufenen Auslandshäfen und die zu erfüllenden Aufgaben in den deutschen Südseegebieten werden bisweilen erschreckend deutlich geschildert. Es mutet heute schon unwirklich an, mit welchem Selbstverständnis darangegangen wurde, den »Wilden« unsere Kultur beizubringen. So schlimm das manchmal klingen mag, der Schreiber dieser Briefe war ein Kind seiner Zeit, einer Zeit, in der das Deutsche Kaiserreich bestrebt war, anderen Staaten folgend, Kolonien zu begründen, um unter Ausbeutung fremder Völker und ihrer Länder deren Produkte zu gewinnen. Im Gegenzug machte man sie mit den Segnungen westlicher Kultur vertraut, lehrte sie in deutschen Schulen deutsche Volkslieder singen, bekehrte sie zum Christentum, zwängte sie, ungeachtet der klimatischen Verhältnisse, in nach europäischen Maßstäben »sittsame« Kleider und zerstörte allmählich ihre altgewachsene Kultur. All dies wird in den Briefen deutlich.

7

Die drangvolle Enge an Bord eines Kanonenbootes, harter Dienst, stürmisches Wetter und mörderische Hitze machten das Schreiben oft zur Qual. Mit großem Fleiß wurden alle wichtigen und auch nebensächlichen Ereignisse dennoch dokumentiert und nach Deutschland abgesandt. Ein Tagebuch läge jetzt verrottet auf dem Korallengrund vor Samoa.

Bemerkenswert erscheint, daß alle Briefe trotz der langen und komplizierten Postwege den Adressaten erreicht haben. Ein Brief nach Berlin war über 50 Tage unterwegs; kein Wunder also, daß die Übermittlung der Sendungen durch die beiden NDL-Postdampfer Nürnberg und Lübeck in den Briefen Adolph Thamms mehrmals als freudiges Ereignis geschildert wird. Der Kapitän der Lübeck, Wilhelm Schmölder, der kurz vor der Sturmkatastrophe in Apia auf die im Atlantik verkehrende Hohenzollern versetzt wurde, hat übrigens das auf dem Schutzumschlag abgebildete, von Otto Sierich gemalte Aquarell 1891 geschenkt bekommen, *with Jt. Jones' compliments.* Es befindet sich heute im Besitz der Familie Schmölder in Bremen-Vegesack. Die Briefe Adolph Thamms wurden nach seinem Tod als Privatdruck für Verwandte und Freunde herausgegeben. Die Anzahl der hergestellten Exemplare ist nicht überliefert.

Für den heutigen Leser liegt eine ungeheure Dramatik in den Berichten, weiß er doch von Anfang an, daß alle Hoffnungen und Wünsche dieses jungen Matrosen nicht in Erfüllung gehen werden, sondern am 16. März 1889 auf dem Riff vor Samoa ihr jähes Ende finden. Seine Schilderungen rollen überdies ein Kapitel deutscher Geschichte auf, das, obwohl es kaum mehr als 100 Jahre zurückliegt, in unseren Geschichtsbüchern oft nur flüchtig erwähnt oder schamhaft verschwiegen wird.

Leider sind die Photographien, von denen Adolph Thamm in seinen Briefen spricht, ebenso verschollen wie die handschriftlichen Originale.

Der Text des Privatdrucks aus dem Jahre 1889 wird hier noch einmal unverändert — abgesehen von der Korrektur einiger offensichtlicher Druckfehler — und in seiner vollen Länge, d. h. mit den Nachbetrachtungen des damaligen Herausgebers und Gedichten im Anhang, vorgelegt, denn auch sie tragen zu einem besseren Verständnis des damaligen Zeitgeistes bei.

Für die Überlassung der gedruckten Briefe Adolph Thamms danke ich Herrn Helmut Hoffmann aus Berlin, auch im Namen des Deutschen Schiffahrtsmuseums, recht herzlich.

Karl-Theo Beer

Vorwort.

Die Zusammenstellung der in diesem Buche veröffentlichten Briefe meines am 16. März bei Samoa ertrunkenen Bruders, des Obermatrosen Adolph Thamm, war ursprünglich für den engsten Familienkreis bestimmt. Bei der Arbeit jedoch wurde ich von vielen Seiten gebeten, die lebensfrischen Aufzeichnungen des jungen Seemannes auch weiteren Kreisen zugänglich zu machen.

Ich komme hiermit dem Wunsche nach und übergebe die schlichten Briefe meines unglücklichen Bruders der Oeffentlichkeit in der Hoffnung, daß dieselben manchen geneigten Leser finden werden, der nicht allzustrenge Kritik üben wird.

Berlin, August 1889.

Otto Thamm.

Einleitung.

Das kleine Kanonenboot EBER mit 3 Geschützen, 570 Tonnen und 87 Mann Besatzung lag am 9. November 1887 im Kieler Hafen bereit, am nächsten Tage seine erste Reise ins Ausland anzutreten. Das neuerbaute Schiff hatte seine Probefahrten im Bereiche der Ostsee auf das glänzendste bestanden und die Fähigkeit bewiesen, auch fernere Meere durchkreuzen zu können. — Die Besatzung des EBER hatte bereits Abschied vom Land genommen, da am letzten Tage vor der Abreise mit Ausnahme der Offiziere und Deckoffiziere keiner der Mannschaften mehr das Schiff verlassen durfte.

Aus diesem letzten Grunde hatten sich an Bord des Schiffes viele Angehörige der Matrosen eingefunden, um noch den letzten Nachmittag mit den Ihren zu verleben. Auch ich, Schreiber dieser Zeilen, war an Bord gefahren, um dem Kommandanten des Schiffes und den Offizieren einen Abschiedsbesuch zu machen und mit meinem Bruder Adolph noch einige Stunden zu verplaudern. Die Aufnahme an Bord war die denkbar herzlichste. — Nachdem ich die mir persönlich bekannten Offiziere begrüßt und ihnen eine gute Fahrt und glückliche Reise gewünscht hatte, luden mich die Deckoffiziere Teuber, Schoodt und Hoenemann ein, mit meinem Bruder das Abendessen in ihrer Messe einzunehmen. Unter gemütlichem Geplauder verrann die Zeit, und manches Glas tranken wir auf eine gute Meerfahrt. — Gegen 8 Uhr verließ ich mit den Deckoffizieren, die an Land noch eine Abschiedsfeier mit ihren zurückbleibenden Kameraden geplant hatten, den EBER, nachdem ich zuvor meinem Bruder Adolph ein herzliches Lebewohl gewünscht. Grüßend stand er an Deck, bis unser Boot an der Barbarossabrücke anlegte, und ich mit den Herren den Weg zum Kallenberg'schen Restaurant einschlug. — Hier war eine fidele Gesellschaft versammelt, die bis nach Mitternacht den Scheidenden ein Glas auf das andere zutrank und ihnen in mancher Rede ein »Gut Glück« für die Reise und ein frohes Wiedersehen wünschte. — Endlich wurde zum Aufbruch gerüstet. Ich begleitete die Herren vom EBER nach der Landungsbrücke, bestieg mit ihnen ein Boot und fuhr in die dunkle Nacht hinaus bis zum Kanonenboot, wo sie mich plötzlich fragten, ob ich meinen Bruder noch einmal sehen wollte. — Obgleich derselbe längst in seiner Hängematte schlummerte, und ich ihn anfangs nicht wecken wollte, so entschloß ich mich schließlich doch, einen Augenblick mit an Bord zu gehen und ihm noch einmal lebewohl zu sagen, da ja doch 2 Jahre verfließen sollten, bevor ich den lieben Jungen wiedersehen würde. Auf einen Zuruf kletterte Adolph aus seiner Hängematte heraus, rieb sich den Schlaf aus den Augen und war nicht wenig erstaunt, seinen Bruder so spät in der Nacht noch vor sich zu sehen. — Nach kurzem Geplauder in der Deckoffiziermesse, und nachdem ich Allen noch einmal kräftig die Hand gedrückt, bestieg ich mein Boot und stieß vom EBER ab, der bald meinem Gesichtskreis entschwunden, und der Platz, wo er ankerte, nur noch durch seine Signallaterne von ferne kenntlich war. —

Am andern Tage, am Donnerstag, den 10. November, war der Moment der Abreise für den EBER herangekommen. Um 10 Uhr vormittags fuhr Admiral Knorr an Bord, um das Schiff auf Seeklarheit zu inspizieren. Um 11 1/4 Uhr hatte ich mir ein Boot gemietet und war dicht an das Kanonenboot herangefahren, auf dessen Deck alle zur Besichtigung versammelt waren. — Der Admiral hielt mit weithin schallenden Worten eine warme Ansprache an die ganze Besatzung, empfahl Allen, Treue, Vaterlandsliebe und Gehorsam auch im fernen Meere stets als erste Pflicht zu betrachten und die Geistesgegenwart in Gefahren nicht zu verlieren. Mit brausendem Hoch auf Se. Majestät den Kaiser schloß seine schöne Rede, und der hohe Vorgesetzte verließ darauf das Schiff. Jetzt erschien der Kommandant auf der Kommandobrücke des EBER, laute Befehle erschallten, auf dem Schiff begann ein reges Treiben, und die Anker flogen an ihren

Ketten in die Höhe. Während der ganzen Zeit hatte ich Gelegenheit gehabt, mich von meinem Boote aus mit Lieutenant zur See von Ernsthausen und meinem Bruder zu unterhalten. — Da enterten die Matrosen vom Wachtschiff Hansa auf und riefen dem Eber ein Lebewohl zu; die Besatzungen der anderen im Hafen liegenden Kriegsschiffe thaten dasselbe. Nun bot der Eber seinen Gegengruß, und auch seine Mannschaft stand aufgeentert in den Raaen. Die an Bord befindliche Musikkapelle intonierte: »Muß i denn, muß i denn zum Städtele hinaus«, und langsam setzte sich das Schiff in Bewegung. Mein Bruder Adolph schwenkte von der obersten Raae aus seine Mütze um den Kopf und rief mir zu: Auf Wiedersehen, grüße nach Hause. Solange ich das Schiff und den Bruder sehen konnte, schwenkte ich ihm mit dem Taschentuch meine Grüße nach, vereint mit der zahlreichen Menschenmenge, die am Ufer Aufstellung genommen hatte. Thränen standen mir in den Augen, als ich das Schiff verschwinden sah, und auch mein alter Bootsführer weinte. Wie um seine Thränen zu entschuldigen, sagte der alte Mann zu mir: »Halten Sie es mir nicht für ungut, ich fahre schon 15 Jahre hier im Kieler Hafen und habe so manches Schiff scheiden sehen — aber heut beim Eber wird mir das Herz so schwer.« Keiner von uns beiden dachte daran, daß wir dem Schiffe das allerletzte Lebewohl zugerufen, und daß alle die lieben Freunde, die mit ihm soeben die Heimat verlassen, nie wieder in dieselbe zurückkehren sollten. Den letzten Gruß meines Bruders Adolph sandte ich, gleich nachdem ich an Land gekommen, per Telegramm an die Eltern nach der Heimat.

Seine Briefe, die ich in nachfolgenden Blättern veröffentliche, schildern die Reise S. M. Kbt. Eber »Von Kiel bis Samoa« und mögen uns heilig sein als Vermächtnis eines guten deutschen Jungen, der im Alter von 23 Jahren in Erfüllung seiner Pflicht sein Leben fern vom deutschen Vaterlande verloren.

Der Herausgeber.

I.

Plymouth, den 15. November 1887.

Meine Lieben daheim!

Heute ist es mir vergönnt, Euch die ersten Zeilen aus der Ferne zukommen zu lassen, doch kann ich Euch nur in Kürze unsere Fahrt von Kiel bis hier beschreiben, da morgen früh die Post nach Berlin abgeht, und ich heute noch viel zu thun habe.

Am Donnerstag, den 10. November 1887, mittags 1/2 1 Uhr, verließen wir unter den Klängen unseres schönen Volksliedes »Muß i denn, muß i denn zum Städtele hinaus« und unter den Hurrahrufen sämtlicher Besatzungen der in dem Hafen liegenden Kriegsschiffe die Heimat. Bruder Otto war in einem Zivilboot längsseit des EBER, und konnte ich ihn vom obersten Mast aus noch lange Zeit im Auge behalten. Es war ein erhabener Augenblick, der Abschied aus der Heimat, der uns wehmütig und doch wieder freudig stimmte in der Erwartung alles dessen, was wir im Auslande zu sehen bekommen würden.

Am Freitag (11. XI. 87) Mittag um 2 Uhr passierten wir Kap Skagen und hatten von da aus durch die Nordsee verhältnismäßig gutes Wetter. Wir waren fast alle seekrank, doch nach Verlauf kaum eines Tages wieder frisch auf dem Posten, nur herrschte eine solche Kälte, daß uns die Zähne aneinander klapperten, und wir uns durch recht viel Bewegung warm zu machen suchten. Heute morgen, am 15. November, liefen wir in den Hafen von Plymouth ein, welcher, da es der erste ausländische Hafen ist, welchen wir zu sehen bekommen, einen großartigen Eindruck auf uns macht. Derselbe ist rings von großen Felsen eingeschlossen, welche alle mit mächtigen englischen Forts versehen sind. Uebermorgen werden wir an Land beurlaubt, und werde ich dann Gelegenheit haben, alles ordentlich in Augenschein zu nehmen. Am Sonntag dampfen wir weiter nach Gibraltar, wo ich Nachrichten von Euch durch die Hofpost erwarte.

II.

Gibraltar, den 28. November 1887.
Zuvörderst Dir, mein lieber Vater, die herzlichsten Glückwünsche zu Deinem Geburtstag am 26. November. Dieselben kommen zwar etwas verspätet in Deinen Besitz, aber werden Dir dennoch lieb sein. Möge dich der liebe Gott uns Allen noch lange erhalten, damit ich Dich gesund und munter wiedersehe. Mittags an Deinem Geburtstage sind wir in Gibraltar eingelaufen und haben dicht unter Land fest gemacht. Nach der Abfahrt von Plymouth hatten wir anfangs gutes Wetter, als wir aber den

Posten am Kutterläufer

Leuchtturm von Eddystone, der mitten im Meere liegt, passiert hatten, erhob sich ein solcher Sturm, daß wir tüchtig zu arbeiten bekamen, was uns bei der herrschenden Kälte äußerst angenehm war. Wir verließen Plymouth, wo ich mich vortrefflich amüsiert habe, am Sonnabend, den 19. November, nachmittags 4 Uhr. In der Nacht vom darauffolgenden Dienstag zum Mittwoch bekamen wir erst um 12 Uhr Hängematten, doch wurde bereits um 2 Uhr wieder »Alle Mann« gepfiffen, da wir unter Sturmsegeln fuhren und dieselben bergen mußten. Haushoch wurde unser Schiff von den Wellen emporgeworfen, und da es unmöglich war, aufrecht zu stehen, so lagen wir alle vollständig durchnäßt an Deck und hatten Mühe und Not, uns nur zu halten, da das Meer von allen Seiten über das Schiff wegbrauste. Dies dauerte bis zum anbrechenden Morgen, wo es etwas ruhiger wurde; doch erst, als wir Lissabon und Kap Vincent passierten, legte sich der Sturm, und wir liefen glatt in den Hafen von Gibraltar. Bei der Einfahrt entrollte sich vor unseren Blicken ein herrliches Panorama. Rechts die hohen Felsengebirge von Marokko, links die spanischen Berge. Gibraltar selbst ist ein entzükkender Platz, dicht an Felsen gebaut, die von herrlichen Anlagen aus Palmen, Kakteen und Pfefferbäumen bedeckt sind.

Während daheim bei uns jetzt alles winterlich ist, herrscht hier solche Hitze wie im Hochsommer, weswegen wir auch ganz weiß gekleidet gehen. Gestern war ich von mittags 12 Uhr bis abends 10 Uhr an Land. Ein altes maurisches Schloß, welches vor über tausend Jahren gebaut ist und jetzt als Gefängnis dient, birgt viel interessante Sehenswürdigkeiten. Der Felsen von Gibraltar ist vollständig ausgehöhlt und von den Engländern mit Kanonen bepflanzt. Zur Zeit befinden sich hier 1887 Geschütze, und kommt in jedem Jahr ein Geschütz hinzu. Wilde Affen, namentlich Halbaffen, beleben hier die Landschaft, und macht es unendlichen Spaß, sich mit diesen Tieren zu necken. Die Bevölkerung besteht größtenteils aus Spaniern, Engländern, Nubiern und Juden. Alle Trachten sind hier vertreten, und es hat mir viel Vergnügen gemacht, Sitten und Gebräuche der ca. 24 000 Einwohner Gibraltars kennen zu lernen. Apfelsinen kosten hier 4 Stück 10 Pfg. nach unserem Gelde, ebenso billig sind Feigen, Bananen und andere Südfrüchte, die hier überall feilgeboten werden. Morgen veranstaltet der deutsche Konsul für die Besatzung des EBER im Konsulatsgebäude ein großes Konzert, an das sich ein Tänzchen anschließen soll. — Auf spanischer Seite ist eine große Arena zur Abhaltung von Stiergefechten gebaut, welches grausige Schauspiel wir aber nicht ansehen konnten, weil Sonntag war, und an diesem Tage alles Singen und Spielen streng verboten ist. Die Spanier hier sind wirklich schöne, kräftige Leute, und unter der weiblichen Bevölkerung sah ich Schönheiten ersten Ranges. —

Der Wein ist hier billig. Wir zahlten 30—50 Pfg. für die Flasche, was für den guten, feurigen Trank ein Spottgeld ist. Das Bier, welches aus England importiert wird, ist teuer, viel teurer als der Wein. Spanische Spitzen, Teppiche, Tücher und Fächer sind hier ziemlich billig. Händler kommen täglich an Bord unseres Schiffes, um uns ihre Kostbarkeiten anzubieten; ich konnte zwei Kanarienvögel für 1 Mark kaufen. —

Bis Donnerstag oder Freitag werden wir wohl noch in Gibraltar bleiben, um dann durch das Mittelmeer nach Port Said in Aegypten zu gehen. Ich befinde mich wohl und munter, nur haben wir kolossal angestrengt zu arbeiten, wenn wir in See sind. Meine Hände sind so hart geworden, daß ich die Haut wie Borke mit dem Messer abschälen kann.

III.

Mittelländisches Meer, den 14. Dezember 1887.

Morgen Vormittag laufen wir in Port Said ein, und da sofort nach unserer Ankunft die Post abgehen soll, so will ich Euch noch schnell den weiteren Verlauf meiner Reise berichten, obwohl unser Schiff so schwankende Bewegungen macht, daß es einige Kunstfertigkeit erfordert, einen Brief zu schreiben. Wir verließen Gibraltar, an das mich manche schöne Stunde erinnern wird, am 2. Dezember vormittags 10 Uhr. Nachdem wir die beiden Säulen des Herkules, die Einfahrt in das Mittelmeer, passiert hatten und flott in dasselbe hineindampften, bot sich uns, vom wunderbarsten Wetter begünstigt, ein wirklich imposanter Anblick dar. Die schönen Berge von Marokko rechts, der steile Felsen von Gibraltar links, an den sich die schöne spanische Küste mit ihren schneebedeckten Bergriesen anschloß. Nicht allein das Land, sondern auch das Wasser gewährt hier im Mittelmeer interessante Beobachtungen. Im Gegensatz zu dem grünen Wasser des atlantischen Ozeans erscheint das des Mittelländischen Meeres im reinsten Blau und schillert, von der Sonne beschienen, in den nur denkbar herrlichsten Farben. − Unser Kurs richtete sich zuerst auf Sardinien. Da wir schönen Wind hatten, so ließen wir die Feuer in der Maschine ausgehen und setzten alle Segel bei, womit wir durchschnittlich 10-12 Knoten (2-3 deutsche Meilen) in der Stunde zurücklegten. In der Nacht vom Dienstag zum Mittwoch bekamen wir, nachdem wir am Sonntag das letzte Land gesehen hatten, den Leuchtturm St. Peoro auf Sardinien in Sicht. Diese Insel ist ebenfalls sehr gebirgig, bot uns aber wenig Interessantes, da wir dieselbe auf zirka 20 Seemeilen Entfernung passierten. Sizilien jedoch, welches wir am Freitag Vormittag in Sicht bekamen, fesselte unsere ganze Aufmerksamkeit. Herrlich nahm sich die Stadt Marsala aus, welche direkt am Fuße des Gebirges, dicht an der Küste liegt, und an welcher wir ganz in der Nähe vorbeifuhren. Die hohen schneebedeckten Bergkuppen Siziliens glitzerten in der warmen Sonne des Südens derartig, daß man sie kaum ansehen konnte, ohne geblendet zu werden.

Oben Schnee, unten drückende Hitze, ein sonderbarer Kontrast. Im übrigen war das Wetter wundervoll. Nachts kühl, am Tage Temperatur unseres heimischen Hochsommers.

Nachdem wir Sizilien hinter uns gelassen, steuerten wir auf Kreta zu. Ein eigentümliches, romantisches Gefühl überkam mich, als wir in die Gewässer kamen, in der Odysseus seine Irrfahrten gemacht, und die alten Griechen ihr Wesen trieben. Lebhaft kamen mir die alten Sagen der Odyssee ins Gedächtnis und beschäftigten mich während meiner Wache am Ruder. Es war am Sonntag, früh 4 Uhr, als wir Kreta in Sicht bekamen. Die Insel Malta hatten wir bei Nacht passiert und nur die Leuchtfeuer blitzen gesehen. Wie alle Inseln und Küsten im Mittelmeer, so ist auch Kreta gebirgig. Der höchste Berg ist 9000 Fuß hoch.

Wir sahen am Morgen diesen Bergriesen ganz in Wolken ge-
hüllt, und erst gegen Mittag zeigte er uns allmählich seinen
schneebedeckten Gipfel. —

Seit Montag Abend haben wir Kreta wieder aus Sicht. Bei unserer Abfahrt von dort fing der Wind an zu flauen, so daß wir
wieder Dampf aufmachen mußten. Heute morgen jedoch, wo
ich dieses schreibe, haben wir wieder starke Brise und hohen
Seegang, so daß alles wieder festgezurrt werden mußte. Unsern
Kurs haben wir auf Damiette zu. Ob wir Alexandria in Sicht bekommen werden, weiß ich noch nicht, werde aber später darüber Nachricht geben. Morgen Vormittag laufen wir in Port
Said ein, wo wir uns nicht lange aufhalten werden, da wir zum
Weihnachtsfest in Aden sein wollen, und wir durch den Suez-
Kanal und das rote Meer immerhin noch 5—6 Tage gebrauchen.
— Euch Allen meinen Lieben daheim wünsche ich nun ein
fröhliches, vergnügtes Weihnachtsfest, welches Ihr bei voller Gesundheit und Lebensfrische feiern möget. Wie es bei uns an
Bord ausfallen wird, liegt ja nicht in unserer Hand. Womöglich
sind wir auf See, wenn wir Aden nicht rechtzeitig erreichen,
und dann, liebe Eltern, könnt Ihr es Euch wohl denken, daß die
Festesfreude viel zu wünschen übrig lassen wird. Eine Weih-
nachtskiste wird sich wohl schwerlich hierhersenden lassen, obgleich ich mich unendlich darüber freuen würde. Sollte Eure
und die großmütterliche Liebe mir jedoch etwas zum Christfest
zugedacht haben, so wäre es mir angenehm, es in barer Münze
zu erhalten. Durch das Kaiserliche Hofpostamt gesandt, erhalte
ich Geld hier an Bord in englischen Münzen ausgezahlt. Ich
kann nämlich gerade etwas gebrauchen, da es zum Fest geht, wir
hier an Bord immer nur einen geringen Vorschuß von unserer
Löhnung bekommen, und alles so furchtbar teuer ist.

Zum Geburtstag der lieben Großmutter am 28. Dezember
sende ich ihr hiermit zugleich die herzlichsten und innigsten
Glückwünsche mit dem Wunsche auf fröhliches und gesundes
Wiedersehen in der Heimat.

IV.

Port Said, den 18. Dezember 1887.

Heute am Sonntag, dem vorletzten Tage unseres Hierseins, will ich Euch die Fortsetzung meines Briefes aus dem Mittelmeer senden. An dem Tage, wo ich letzteren absandte, erhob sich plötzlich, wir waren ungefähr noch 80 englische Meilen von Port Said entfernt, ein solcher Sturm, daß wir alle Mann an Deck mußten, Segel zu bergen hatten und Sturmsegel unterschlagen mußten. Bei dieser Arbeit bekamen wir so viel Wasser über, daß alles bis auf die Haut naß wurde. Mit Händen und Füßen mußten wir uns festhalten, um nicht über Bord zu fallen.

Zwei Tage lang sind wir in diesem Wetter ohne Kurs umhergetrieben, und erst am Freitag früh um 5 Uhr konnten wir den Kurs wieder aufnehmen. Vormittags gegen 11 Uhr liefen wir in Port Said ein. In der Nacht vorher bekamen wir noch solchen Hagel und Regen, daß wir uns ordentlich schützen mußten, um nicht von den scharfen, wie Taubeneier großen Hagelkörnern, an Händen und im Gesicht verletzt zu werden. Daß wir uns dem Lande näherten, zeigte uns schon das Wasser an, denn aus der schönen blauen Farbe wurde mit einem Male ein schmutziges Gelb, herrührend von dem Sande der Wüste Sahara. Welchen Eindruck Port Said im ersten Augenblick auf mich machte, ist schwer zu beschreiben. Port Said ist ein Handelsort, wie er wohl großartiger nicht gedacht werden kann. Ein buntbewegtes Leben und Treiben herrscht hier. Die Bevölkerung besteht meistenteils aus braunen Aegyptern und Arabern in ihren malerischen Trachten, Franzosen, Engländern, Türken, Oesterreichern und Deutschen. Wir hatten kaum fest gemacht, als es an Bord auch schon von Händlern aller Nationen wimmelte. Die verschiedenartigsten Südfrüchte, Straußfedern, Schmucksachen und andere Dinge mehr wurden zu Spottpreisen zum Kauf angeboten. Ich bin heute fast krank von den vielen Apfelsinen, Feigen, Weintrauben und Paradiesäpfeln, welche ich bis jetzt hier schon verzehrt habe. Gestern war ich zum ersten Male an Land, und war mein Erstaunen groß über das Leben und Treiben in der Stadt. Alles ist hier darauf eingerichtet, den Menschen das Geld abzunehmen, und befindet sich fast in jedem Hause ein

Port Said. Einfahrt in den Suezkanal. Aus: Dorn (1899)

Tingel-Tangel, eine Zech- und Spielhölle. Ich habe mit angesehen, wie Leute in ca. 10 Minuten über 100 englische Pfund Sterling verspielten und im Roulette gewannen.

Die Preise für Getränke sind, außer Wein, ziemlich teuer. Eine Flasche Bier 1-2 Franks, 1 Flasche Limonade 60 Pfg., 1 Flasche Malaga 1 Schilling. Außer russischem und spanischem Gelde ist hier jede Landesmünze in Kurs. Am interessantesten war es für mich im arabischen Stadtviertel von Port Said. Schon die Häuser, welche alle nach orientalischem Stile gebaut sind, gewähren dem Neuling einen eigenartigen Anblick. — Die Frauen sind bis zu den Augen verschleiert, tragen auf der Nase eine goldene Spange, welche oben über den Schleier hervorsieht. Auf der Straße tummeln sich nur die Frauen der gewöhnlichen und armen Klasse, die vornehmen erblickt man nur an den Fenstern.

In den Tavernen und Schänken, von welchen einige mitten auf der Straße aufgestellt sind, herrscht ein buntes und tollbewegtes Leben. Die Straßen sind sämtlich ungepflastert, schmutzig und schlecht. Die armen Leute wohnen in Zelten oder liegen nachts, in eine Decke eingehüllt, mitten auf der Straße, wo sie sich gerade befunden haben.

Als Zugtier sieht man hier nur den Maulesel und bekommt von Pferden gar nichts zu sehen. Die Wagen sind zweirädrige Karren. Wir liegen hier direkt am Suez-Kanal. Die Kanal-Gesellschaft verdient jährlich 30 Millionen Franks. Wir müssen für unsere Durchfahrt 2600 Franks bezahlen, und dauert dieselbe ca. drei Tage. Schiffe aller Nationen liegen hier, an Kriegsschiffen augenblicklich zwei Franzosen, ein Engländer, mehrere Aegypter, Türken und ein Italiener. Gestern ist der große Bremer Lloyddampfer NÜRNBERG hier angekommen, welcher unsere Post mitgebracht hat, die wir hoffentlich noch heute an Bord erhalten. – Die Wüste Sahara, welche man ein gutes Stück überblicken kann, gewährt einen trostlosen Anblick, da alles Sand und immer wieder Sand. – An Bäumen sieht man hier viel Johannisbrotbäume und einige kleine Arten, deren Namen ich nicht erfahren habe. Apfelsinen kommen meist aus Kairo, Alexandria, auch aus Jaffa. – Am Dienstag Vormittag gehen wir nach Aden, wozu wir 8–9 Tage gebrauchen, das Weihnachtsfest also auf dem Wasser verleben müssen. Da die Fahrt durch das rote Meer jedenfalls viel Interessantes bieten wird, so werde ich Euch, meinen Lieben daheim, von Aden aus weiter berichten.

V.

Port Said, den 22. Dezember 1887.

Noch immer liegen wir in Port Said, das wir am 19. cr. verlassen sollten, welches jetzt aber wohl noch bis zum ersten Feiertage unser Aufenthaltsort sein wird. Der Bremer Postdampfer NÜRNBERG, welcher am vergangenen Sonnabend hier eintraf, brachte für uns noch einen Kessel zum Dampferzeugen für unsere Küche mit, und da wir denselben nicht allein aufstellen konnten, mußten Zivilarbeiter angenommen werden. Unser Aufenthalt ist aus diesem Grunde verlängert worden. Eure lieben Briefe sowie die Briefe meiner Freunde Büttner, Butzke und Schmidt habe ich am 19. erhalten und mich unendlich über die Zeilen aus der deutschen Heimat gefreut. Am Sonntag Vormittag war ein arabischer Zauberer bei uns an Bord, welcher eine höchst ei-

Dampfpinassensteurer

gentümliche Vorstellung gab und die überraschendsten Dinge zu Tage beförderte. Die Offiziere bezahlten denselben, und wir konnten alle frei zusehen.

Sonntag Nachmittag war ich auf dem Bremer Lloyddampfer NÜRNBERG, dessen Mannschaft mich außerordentlich freundschaftlich aufnahm und liebevoll bewirtete. Der NÜRNBERG hatte ca. 200 Passagiere nach Australien und Indien an Bord. Montag Vormittag ging derselbe durch den Suez-Kanal und wurde während seines Vorbeipassierens am EBER von unserer Kapelle mit dem Preußenmarsch begrüßt, welche Aufmerksamkeit er durch seine Musikkapelle erwidern ließ.

Sonst verläuft hier ein Tag wie der andere, und man merkt bei der kolossalen Hitze kaum, daß Weihnachten ist. Händler aller Nationen kommen nach wie vor täglich an Bord. Wer kein Geld hat, macht Tauschgeschäfte. So erhielt ich für ein altes Messer, was neu 50 Pfg. gekostet hatte, 20 Apfelsinen. Eier, welche auch an Bord verhandelt werden, kosten 12 Stück 50 Pfg.

Kauft man größere Vorräte, stellt sich der Preis noch billiger, 120 Stück 4 M. − Heute Vormittag hat uns der deutsche Konsul eine schöngewachsene echte Tanne als Weihnachtsbaum an Bord gesandt. Wir bauen uns kleine Pyramiden aus Holz und kleben uns Sachen aus buntem Papier, um dieselben zu schmücken.

Schon heute Euch ein herzliches Prosit Neujahr.

VI.

Rotes Meer, den 26. Dezember 1887.

Weihnachten ist es, meine Lieben daheim, aber welch ein Weihnachten! Kein Baum, kein Strauch, nicht ein Grashalm ist in der endlosen Wüste zu sehen, und die Sonne sendet noch dazu ihre glühenden Strahlen hernieder, daß man froh ist, wenn man ein wenig Schatten gefunden. Doch liebe Eltern und alle Ihr Lieben in der Heimat, schon heute am 2. Weihnachtstage will ich meine Zeilen an Euch beginnen, wenn wir auch noch 5−6 Tage unterwegs bis zur nächsten Station sind. − Es war am Sonnabend, den 24., gerade am Tage des heiligen Abends, als wir früh 8 Uhr Anker lichteten, einen Lotsen an Bord nahmen und in den Kanal einliefen. Trotzdem rings umher alles wüst und öde, Sand und immer wieder Sand, so weit man sehen kann, so ist doch die Fahrt durch den Suez-Kanal eine höchst interessante. Kaum waren wir zwei Stunden im Kanal gefahren, als wir die erste Station erreichten. Da sich zwei Schiffe wegen der Enge nicht ausweichen können, so muß dasjenige Schiff, welches zuerst eine Station erreicht, fest machen und das entgegenkommende Schiff erst passieren lassen. Diese Stationen, obgleich in der traurigen Wüste, sind doch mitunter ganz freundlich gelegen; einige sind sogar ziemlich groß und mit Restaurants versehen. Man kann sich den Wert einer Oase in der Wüste, und mit diesen kann man die Stationen vergleichen, nun recht lebhaft vorstellen. − Nachdem wir ungefähr 4−5 mal festgemacht hatten, und an uns während dieser Zeit 12 große Dampfer vorbeipassiert waren, machten wir um 5 Uhr abends für die Nacht über fest, weil wir kein elektrisches Licht an Bord haben, in welchem Falle wir die Nacht hindurch hätten weiter dampfen können. — Jetzt nun, liebe Eltern, begann für uns der Weihnachtsabend, fern von der Heimat, in der Wüste Sahara. Ein eigentümliches Gefühl überkam mich, wenn auch alles aufgeboten wurde, uns den Abend so angenehm als möglich zu gestalten. Zuerst fand eine Verlosung von Gegenständen statt, wobei ich 25 Briefbogen und Couverts, auf welchen ich diese Zeilen schreibe, gewann. Hiernach gab es Abendbrot mit Thee und Kuchen, und später war Theatervorstellung, in der auch ich mitwirkte. Wir wurden mit Punsch bewirtet, und uns erlaubt, bis 12 Uhr aufzubleiben. Wir hatten uns aus Holz und buntem Papier Pyramiden gebaut, dieselben mit Hartbrot, vergoldeten Kartoffeln und Lichtern geschmückt und uns auf diese Weise den fehlenden Weihnachtsbaum verschafft. Der einzige wirkliche Weihnachtsbaum, den der Konsul in Port Said gestiftet hatte, befand sich in der Offiziersmesse, sonst war kein grüner Zweig an Bord. —

Am 1. Feiertage früh um 4 Uhr hieß es »klar zum Ankerlichten«, und erreichten wir gegen Mittag den kleinen Bittersee, durch welchen der Suezkanal hindurch geht. Die ägyptische Stadt Ismailia, welche in der Wüste liegt, war von hier aus gut zu sehen. Wir mußten auch im kleinen Bittersee vor Anker gehen, erstens, um den Lotsen zu wechseln, zweitens, um wieder Schiffe passieren zu lassen. Während wir vor Anker lagen, kamen wieder Schwarze an Bord und boten Feigen, Apfelsinen und Eier zum Kauf an. Gleich nach dem Mittagessen, das aus präservierten Kartoffeln, Schweinebraten, Pflaumen und Pudding bestand, ging es wieder Anker auf. Nun war Weihnachten für uns so gut wie vorbei, da wir genügend Arbeit bekamen und alle Augenblicke fest machen mußten.

Ich setzte mich, meine Zigarre rauchend, auf die Back, um mir die Gegend anzusehen. Man sah nämlich zu beiden Seiten des Kanals Hunderte von Arbeitern (Araber und Aegypter) mit ihren Kamelen Sand transportieren, was mir Spaß machte, fortwährend zu beobachten. — Abends um 6 Uhr gingen wir wieder für die Nacht im großen Bittersee vor Anker, einem ziemlich umfangreichen See, durch den man ebenfalls den Kanal geführt hat. Am nächsten Morgen schickten wir uns an, den letzten Teil des Suezkanals zu durchfahren. Ungefähr um 10 Uhr vormittags passierten wir die Karawanenstraße zwischen Kairo und Jerusalem, welche gerade von einer Karawane belebt war und uns ein buntes, interessantes und malerisches Bild darbot. Um 11 Uhr bekamen wir Suez in Sicht, das wir um 12 Uhr passierten. Hier standen noch einige Johannisbrot- und Palmenbäume, von denen wir ordentlich Abschied nahmen, denn bis zur Insel Ceylon werden wir wohl keinen grünen Zweig mehr zu sehen bekommen. Um 12 Uhr liefen wir ins rote Meer ein, das glatt wie ein Spiegel vor uns lag. Rechts und links Wüste, lauter Sand. Die Sonne scheint brennend heiß, und ringsumher ist alles öde und traurig. Der Suezkanal ist nun eins der sieben Weltwunder, was ich zu sehen bekommen habe, und ich kann wohl sagen, daß es wirklich bewundernswert ist, wie es möglich war, diese Riesenwasserstraße zu schaffen. In meinem nächsten Briefe hoffe ich Euch, liebe Eltern, weiteres über das rote Meer mitteilen zu können, das ja in der biblischen Geschichte eine so große Rolle spielt. — Heute Nachmittag ist Zeugwäsche, wobei mir schon das Graulen angeht. Das Weihnachtsfest des Jahres 1887 wird mir wohl ewig im Gedächtnis bleiben.

VII.

Aden, den 12. Januar 1888.

Erst 14 Tage sind seit Schluß meines letzten Briefes, der inzwischen vielleicht schon in Euren Besitz gelangt ist, verflossen, und doch habe ich schon manches wieder erlebt, was der Mitteilung wert ist. Ich schloß meinen Brief, als wir soeben in das rote Meer einliefen. Wir hatten wunderschönes Wetter, und konnten wir am 27. Dezember den Berg Sinai ganz deutlich sehen und die drei Kuppen desselben, die in der Bibel beschrieben sind, ebenfalls klar erkennen. — Auf der engsten Stelle des Golfes von Suez, kurz vor der Straße von Jubal, soll es nach Aussagen von Eingeborenen gewesen sein, wo Moses die Kinder Israels durch das rote Meer geführt hat. Das Meer ist an dieser Stelle thatsächlich so flach, daß bei niedrigem Wasserstand in früheren Zeiten ein Durchgang wohl möglich gewesen ist.

Wir mußten an dieser Stelle fortwährend loten. Am Mittag 12 Uhr desselben Tages verfolgten uns eine Menge Haifische und verschlangen gierig die Ueberreste des über Bord geworfenen Mittagbrotes. Eine Angel wurde sofort klar gemacht, mit cr. 5 Pfd. Fleisch am Haken belastet, und kaum eine halbe Stunde dauerte es, so hatten wir einen 6 Fuß langen Haifisch an Deck. Zwölf Mann konnten mit Stricken und Spaken den Fisch kaum halten, weil er furchtbar mit dem Schwanze um sich schlug. Wir schnitten ihm, nachdem es wohl 3/4 Stunden gedauert hatte, bis wir das Untier getötet, das Rückgrat und Gebiß heraus und warfen das übrige wieder über Bord, weil das Fleisch nicht zu gebrauchen war. Für mich war dieser Haifischfang etwas Neues und hat mir unendlich viel Spaß gemacht. Noch einen Tag hatten wir Land in Sicht, aber nur kahle Felsen; man sah weder Baum noch Strauch. Das Wetter begünstigte uns noch einige Tage, bis wir in die Nähe der Straße Bab el Mandeb (Thor des Schreckens) kamen. Hier ist das Meer voll von Inseln und die Küsten sind besät mit gestrandeten Schiffen. Das Wetter wurde plötzlich wieder so schlecht, daß wir Arbeit hatten, durch die Straße zu kommen. Es sind eigentlich zwei Straßen zwischen Arabien und der Insel Perim. Wir wählten die schmälere aber tiefere. Das Kap Bab el Mandeb kann man sich nicht öder denken, als es ist. Nur hohe Felsen mit einem Leuchtturm am Strande. Der Anblick der zerklüfteten Felsen aber bietet immerhin ein interessantes Bild.

Kurz vor der Straße passierten wir in unmittelbarer Nähe die Stadt Mokka, die den berühmten Kaffee liefert. — Im Golf von Aden hatten wir solchen ungünstigen Wind, daß wir kreuzen mußten und erst am 6. Januar, also nach 14tägiger Reise in Aden ankamen.

Kurz vor der Straße von Bab el Mandeb bei der Insel Great Hanisch, morgens um 5 Uhr, ereignete sich etwas an Bord, worüber, meine Lieben, unsere ganze Besatzung traurig gestimmt wurde. Um genannte Zeit sprang nämlich der Heizer H. aus dem Badischen in einem Anfalle von Schwermut über Bord.

Der viele Dienst und das Leben hier an Bord, die unerträgliche Hitze hatten den armen Karl zur Verzweiflung gebracht. Wir kreuzten zwar 2 Stunden an der Unglücksstätte herum, konnten aber nichts von unserem Kameraden mehr gewahr werden, da die See ziemlich hoch ging, und er auch wohl schon längst von einem Haifisch verzehrt war.

Die Hitze war so unerträglich, 25-30° R. im Schatten, daß uns überhaupt fast alle Heizer umfielen, und Matrosen in den Heizraum mußten. In kaum einer halben Stunde fielen auch von diesen die meisten um.

Auch mich traf das Los, in den Heizraum zu müssen, und war ich 4 Wachen (d. h. jedesmal 4 Stunden) vor dem Feuer bei einer Hitze von 60-65°. Und dann nichts Vernünftiges zum Essen und noch viel weniger zum Trinken; man lernt entbehren.

Am 6. abends gingen wir in der Nähe von Aden vor Anker, und am 9. morgens um 8 Uhr dampften wir in den Hafen ein. Aden gewährt dem Fremden einen höchst imposanten Anblick. Wir hatten kaum festgemacht, als uns auch schon eine Menge Kanoes mit Schwarzen umschwärmten. Die Bevölkerung besteht meistenteils aus Somalinegern, Juden in ihrer malerischen Tracht und Arabern. Weiße habe ich bis jetzt nur ca. 20 gesehen, und waren dies meistens Engländer.

Am Sonntag Nachmittag begab ich mich an Land, mietete mit vier Kameraden einen luftigen schönen Wagen und fuhr nach der eigentlichen Stadt, welche ungefähr 1 Stunde von unserem Ankerplatz entfernt lag. Der Weg, welcher immer zwischen hohen kahlen Bergen hindurchführte, war bald zurückgelegt, und wir langten in Aden an, welche Stadt zum größten Teil von Negern bewohnt ist. Die Straßen sind schmutzig, und die Bevölkerung geht vollständig nackt umher, nur mit einem Lappen um die Hüften bekleidet, ist aber durchweg eine schöne, schlankgewachsene Rasse. Auf dem Marktplatze sahen wir ca. 500 Kamele und eine Unmenge Esel, welche hier als Zug- und Lasttiere allein benutzt werden. Auch hier ist kein Baum − kein Strauch zu sehen. Zwischen hohen Felsen, dicht hinter der Stadt, ist von den Engländern ein reizendes Paradies geschaffen, was wir inmitten des Schmutzes von Aden als ein Weltwunder betrachten konnten. Es sind hier nämlich die schönsten Blumen und Bäume angepflanzt worden, die mit der größten Sorgfalt gehegt und gepflegt werden.

Nachdem wir uns in einem Kaffeehaus an einer Tasse duftenden Mokkas erlabt hatten, fuhren wir nach einem anderen Stadtteile Adens.

Auch hier herrschte reges Leben und Treiben. Es befinden sich hier die Konsulate und Hotels, die Tingeltangel und Konzerthäuser. Wir besuchten einen Tingeltangel, in dem eine österreichische Damenkapelle konzertierte. Eintrittspreis 1 Mark, Getränke, d. h. Limonaden 50 Pf.; Bier und Wein haben übermäßig teure Preise. — Am Strande sahen wir später mit vielem Interesse den Spielen der Neger zu. Die Armen wohnen in Hütten aus Bambusgeflecht. Ich schicke Euch, meine Lieben, heute mehrere Photographien hiesiger Volkstypen, ebenso eine kleine echte Straußenfeder, deren es hier eine Unmenge giebt, und von denen ich Euch viele mitbringen werde. — Morgen nehmen wir Kohlen an Bord, um am Sonntag unsere Reise nach Ceylon anzutreten.

VIII.

Indischer Ozean, den 23. Januar 1888.
63° östl. Länge von Greenwich,
8° nördlicher Breite.

Es war am Sonntag, den 16. Januar, morgens 8 Uhr, als wir in Aden Anker lichteten und uns dem nächsten Bestimmungsort unserer Reise, der Insel Ceylon, zuwendeten. Wir hatten prachtvolles Wetter, abgesehen von der kolossalen Hitze, die fast unerträglich war. Die Fahrt an der arabischen Küste, welche sich mit ihren hohen, kahlen Bergen höchst malerisch ausnimmt, war recht interessant. Am Abend des 16. Januar bekamen wir das Land außer Sicht, und vor uns wie hinter uns dehnte sich nur die schier endlose Wassermasse aus. Am Dienstag, den 18., kamen wir in die Region, wo 1884 die Augusta untergegangen ist. Es wurde mir und allen meinen Kameraden an Bord eigentümlich zu Mute, als wir über die Reeling (Bordwand) auf das Meer sahen, das so ruhig und glatt vor uns lag und doch zur Zeit der Monsune so aufgeregt wird, daß nichts verschont bleibt, was sich auf ihm bewegt. Unwillkürlich kam uns der Gedanke in den Sinn, daß es doch ein schrecklicher Augenblick gewesen sein muß, der hier unseren Brüdern von der Marine den jähen Tod gegeben. Für gewöhnlich, meine Lieben daheim, haben wir für solche Gedanken an Gefahr u.s.w. bei schwerem Wetter gar keine Zeit.

Am 20. passierten wir das Kap Guardafui in einer Entfernung von einer deutschen Meile. Es ist dies die gefährlichste Stelle des indischen Ozeans während der Frühjahrs- und Herbststürme, und verdient das Kap seinen Namen (auf deutsch »Hüte dich«) mit vollem Recht. Oede und verlassen lag es vor uns.

An der linken Seite hatten wir die Insel Socotra, welche ebenfalls mit ihren kahlen, nackten Felsen einen traurigen Anblick gewährt. In zirka 5—6 Tagen werden wir wohl Point de Galle erreicht haben, wo ich hoffentlich Briefe aus der Heimat, die ich mit sehnsuchtsvollem Herzen erwarte, vorfinden werde.

Point de Galle, am 31. Januar 1888.

Am Sonnabend, den 28. Januar, vormittags 11 Uhr 35, liefen wir in den hiesigen Hafen ein. Mein im indischen Ozean geschriebener Brief ging gestern von hier mit einem englischen Dampfer an Euch ab. Vom schönsten Wetter begünstigt war unsere Fahrt durch den Ozean. Das Meer war glatt wie ein Spiegel während unserer ganzen Reise. Fliegende Fische, Delphine, Haifische und laufend andere Sorten von Fischen begleiteten unser Schiff bis hierher. Kurz nach unserer Ankunft überlieferte uns der deutsche Konsul unsre Post, welche mir Eure nach Aden und hier adressierten Briefe, außerdem ein 4 Seiten langes Schreiben von Bruder Otto brachte, worüber meine Freude groß war. — Jetzt bin ich nun auf der wunderschönen Insel Ceylon, und ich weiß wirklich nicht, wie ich alles zu Papier bringen soll, denn hier giebt es so viel Neues und Eigentümliches in allen Sachen, daß man nicht weiß, was man am meisten bewundern soll. Trotzdem ich mir eine kleine Verstauchung des Handgelenks zugezogen habe und den Arm in der Binde tragen mußte, bekam ich am Sonntag Mittag doch die Erlaubnis, an Land zu gehen, was mir große Freude bereitete. Point de Galle ist eine

Stadt von über 40000 Einwohnern (Singhalesen) und besteht aus der *english town* (engl. Stadt) und den Hütten der Eingeborenen. Die englische Stadt ist sauber und reinlich und von den wenigen ansässigen Engländern und vornehmen Indiern bewohnt, außerdem befindet sich in ihr die englische Kaserne, die 100 Mann Militär beherbergt. Die Kirche und Schule sind Prachtbauten ersten Ranges und weisen auch im Innern einen Glanz und Reichtum auf, wie man ihn hier nicht sucht.

Nachdem wir die englische Stadt besichtigt, nahmen wir uns einen Wagen für 2 Schilling und ließen uns, wir waren vier Mann, zirka zwei Stunden umherfahren.

Point de Galle liegt mitten im Walde von hohen Kokosnußpalmen, Ananassträuchern und Bananenbäumen. Die Vegetation ist hier so üppig, wie ich sie bisher nie gesehen habe. Zuerst nun fuhren wir zum höchst sehenswerten Buddhatempel, einem Prachtbau von hervorragender Stellung. Im Innern befinden sich in der Mitte die Götzenbilder des Brahma in übernatürlicher Größe und acht verschiedenen Stellungen hinter großen Glasfenstern. Vor jedem Götzenbilde steht ein hölzerner Tisch, auf dem die Opfer dargebracht werden, die in Blumen, Geld, Kokosnußöl und anderen Sachen bestehen. Der Gang rings um die Götzenbilder ist ungefähr 2 m. breit, und die Wände mit Figuren aller Art bemalt. Oben stellen die Bilder das Leben im Himmel, und unten das Leben in der Hölle dar. Nach Besichtigung des Tempels sahen wir in einem Hause einigen Mädchen zu, welche Spitzen webten. Die feinsten Spitzen und Kanten werden auf eine kunstvolle Art von jedem weiblichen Wesen hier am Ort mit kolossaler Geschicklichkeit verfertigt auf einer Art Webstuhl, wie ich solchen zum ersten Mal sah. Wir fuhren nun weiter und trafen auf unserem Wege Schildkröten und Eidechsen von 2—3 Meter Länge an. Elefanten und Tiger giebt es nur im Innern der Insel Ceylon und kommen dieselben sehr selten an die Küste. Von einem Singhalesen eingeladen, besahen wir uns dessen Plantage und ließen uns Kokosnüsse von den Bäumen holen, deren Milch uns trefflich mundete und hier ein Hauptnahrungsmittel ist. Ananas und Bananen konnten wir so viel essen, daß wir schließlich aufhören mußten, um nicht zu platzen.

Wir gingen hierauf weiter in den Wald, wo wir ganz plötzlich von der Dunkelheit überrascht wurden. Aber erst jetzt wurde es schön unter den Palmen. Unzählige von Leuchtkäfern fingen an zu schwirren, so daß man meinte, Funken flögen umher. Die Papageien fingen zu schreien, die anderen Vögel zu singen an. Alles hatte während der Hitze des Tages geruht. Es war ein prachtvoller Abend, der uns veranlaßte, uns gemütlich ins Gras zu legen, um das schöne Schauspiel, das sich uns darbot, noch eine Weile zu genießen. Endlich brachen wir auf und gingen am Ufer des Flusses, welcher nahe bei der Stadt vorbeifließt, entlang bis zum Ufer des Meeres. Hier gelangten wir zum Marktplatz der Stadt, wo bis zum späten Abend ein reges Leben und Treiben herrscht. Feilgeboten werden hier Fische, Früchte, Reis, Reiskuchen, Zuckerrohr und anderes mehr. – Die Stadt wird abends erleuchtet mit Laternen, in denen Kokosnußöl brennt. Die praktische Ausnutzung der Kokosnußpalme ist so mannigfacher Art. Sie liefert Holz zu den Betten, welche eigentümlich geformt und kaum zu beschreiben sind (im Museum für Völkerkunde in Berlin könnt Ihr sie Euch ansehen, dort sind mehrere Exemplare), ferner gewinnt man aus der Palme Bast zu den Seilen und Stricken, Fasern zu Matten und Decken und anderes mehr.

Als Zugtier dient hier das Zebu, außerdem findet man viele Ziegen. Die Häuser bestehen aus Fachwerk und sind oft nicht höher wie ein ausgewachsener Mensch. Gedeckt sind dieselben mit Ziegeln oder Kokosnußblättern. Das Innere derselben besteht aus einem großen Raum, welchem jede Ausschmückung fehlt, der höchstens einen Tisch oder eine Pritsche beherbergt, denn Bett kann man letztere wohl kaum nennen. Schildpattsachen, wie Ohrringe, Uhrketten u.s.w., sind hier äußerst billig. Man zahlt hier 50 Pf. für Gegenstände, für die man in Deutschland 5–10 Mark erlegen muß. –

Morgen, Mittwoch, brechen wir von hier nach Batavia auf.

X.

(Rhede von Batavia.)

Heute früh 4 Uhr gingen wir hier vor Anker, nachdem wir am 1. Februar früh 7 1/2 Uhr Point de Galle verlassen. Ich muß mich mit meinem Briefe sehr beeilen, meine Lieben, denn schon morgen Nachmittag soll unsere Reise nach Cooktown weitergehen. — Das waren wieder 15 Tage weiter nichts wie Himmel und Wasser, und man sollte meinen, man könnte nur ein paar Worte darüber schreiben. Aber was wir hier an Bord während dieser Zeit erlebt haben, damit könnte man Bogen füllen, wenn man die nötige Zeit und Muße dazu hätte. Tag und Nacht giebt es während der Fahrt Arbeit, und zwar viele und angestrengte.

Wir verließen also, wie gesagt, Point de Galle am 1. Februar. Das Wetter war ziemlich angenehm, aber die See dünte und wogte so, daß in den ersten Tagen der EBER so schaukelte, daß

Handwaffen putzen

verschiedene wieder seekrank wurden, und auch ich am ersten Abend, nachdem ich schon in der Hängematte lag, aufstehen und dem Neptun opfern mußte, was jedoch nur zehn Minuten dauerte. Die ersten Reisetage verliefen unter harter Arbeit und Plage und unmenschlicher Hitze ohne besonderen Vorfall, nur daß sich Hunger und großer Durst einstellten. Täglich bekommen wir pro Mann 1 Liter destilliertes Wasser, welches lauwarm und bei der täglich herrschenden Hitze von 30—40° Celsius gerade so viel wie ein Tropfen auf einen heißen Stein ist. Das Mittagessen ist ebenfalls nur so dürftig, so daß man nach dem Essen fast noch hungriger als zuvor ist. Am 3. Februar nachts bekam ich einen Magenkrampf, welcher in Kolik überging, und an welchem ich bis zum 7. krank lag. Augenblicklich fühle ich mich wieder ganz wohl, bis auf einige Mattigkeit, welche mich bisweilen überfällt, und welche wahrscheinlich von der schlechten Kost herrührt. Ich habe meine Löhnung so ziemlich aufgebraucht, da ich meistenteils Milch (präservierte) getrunken habe, dieselbe beim Bottelier (Schiffskrämer) aber immer 1 Schilling pro Büchse kostet. — Jetzt beginnen nun die Vorbereitungen zur Taufe, da wir voraussichtlich an Bruder Otto's Geburtstag, am 9. Februar, dieselbe empfangen sollen. Von den 87 Mann der Besatzung des EBER hatten zirka 20 Mann bereits früher den Aequator passiert und waren schon getauft worden. Wir passierten die Linie am Mittwoch, den 8. Februar, abends 8 1/2 Uhr, die Feierlichkeit wurde aber der Dunkelheit wegen bis zum nächsten Tage verschoben. Die Taufreden und die offiziellen Bestimmungen über den Hergang werde ich mir abschreiben und Euch später einsenden. Heute kann ich Euch nur in Kürze darüber berichten. Am Abend des 8. Februar, abends 8 Uhr, kam der Abgesandte Neptuns (Triton), den unser Bootsmann darstellte, an Bord und machte bekannt, das morgen die Taufe stattfinden würde. Eine brennende Teertonne, welche über Bord geworfen wurde, sollte das Boot darstellen, mit welchem Triton an Bord des EBER gegangen. Am Donnerstag, den 9., nachmittags 3 Uhr, kam Neptun (Oberfeuerwerksmaat Klee) mit seinem Gefolge an Bord. Voraus das Musikchor, darauf der Wagen des Neptun von 6 Negern gezogen und von 6 Indianern begleitet. (Pottlott und Zinnober hatte dieselben erzeugt.) Darauf folgten Barbier mit Gehülfe, Sternseher, Prediger, Polizisten u.s.w. Nachdem ein Umgang durch das Schiff gehalten, hielt Neptun seine Rede an die Offiziere und Mannschaften, der Prediger hielt seine Predigt, und die Taufe begann mit unserem Arzt und mit dem Zahlmeister. Zuerst wurde jeder eingeschmiert mit Teer und Kalkfarbe (Neptuns Barbierseife), darauf mit einem großen hölzernen Messer rasiert, mit einem Riesenkamm gekämmt und ihm mit einer mächtigen Schere die Haare geschnitten. Nachdem diese Prozedur vorbei, und jeder der Täuflinge dieselbe bestanden, wurde jeder rücklings in einen hinter ihm stehenden Prahm geworfen, der mit Wasser gefüllt war, und dann mehrere Male untergetaucht. Darauf mußte jeder Getaufte durch einen Windsack kriechen, und hinter ihm wurde mit der Dampfspritze nachgeholfen. Der Windsack ist ein 10–15 m. langer Sack von 1 m. Durchmesser, welcher geheißt wird, um frische Luft nach den unteren Schiffsräumen zu führen. Nachdem auf diese Weise ein jeder Täufling von dem Schmutze der nördlichen Hälfte, wie es in der Taufpredigt heißt, gereinigt war, fand die allgemeine Taufe statt, und einer begoß den andern mit Wasser, Offiziere und Mannschaften bunt durcheinander. Darauf wurde das Schiff gereinigt, und Grog verteilt. Um 9 Uhr abends war alles wieder beim alten außer einigen schwer geladenen Köpfen, welche des Guten zu viel gethan. – Die Hitze unter dem Aequator war nicht größer wie in der ganzen heißen Zone, durchschnittlich 35°.

Jetzt kamen wir in die Regengegend. Es regnet hier tagsüber 10-20 mal, wonach immer das schönste Wetter auf kurze Augenblicke.

Gestern Morgen, am 15., bekamen wir die Sundastraße in Sicht und dampften gegen 8 Uhr in dieselbe ein. Dieselbe gewährt auf Grund ihrer äußerst üppigen Vegetation an den Ufern einen imposanten Anblick. Um 12 Uhr hatten wir an der linken Seite die beiden großen Feuer speienden Berge in unmittelbarer Nähe und rechts die im Jahre 1884 verschüttete Stadt Anger. Eine Unmenge Bimsstein (Lavaasche) trieb allenthalben auf dem Meere umher.

Nachmittags 4 Uhr nahmen wir von einer Signalstation einen Lootsen an Bord, welcher uns nach hier brachte und dafür 144 holländische Gulden bekam. Wir liegen hier auf der Rhede Batavia ca. 1 Stunde vom Lande entfernt, welches wir aber deutlich sehen können. Wegen des hier herrschenden Fiebers haben wir der Vorsicht halber den entfernten Ankerplatz gewählt. Nach Batavia, welches von der Rhede aus nicht zu sehen, geht von der Vorstadt Priok aus eine Eisenbahn, auf welcher man die Stadt in ungefähr 3/4 Stunden erreichen kann.

Sonnabend werden wir wohl bereits wieder Anker lichten und infolgedessen wohl keinen Urlaub an Land erhalten. Unser Zahlmeister ist heute früh dorthin gefahren, um die Post zu holen, ist aber noch nicht zurückgekehrt.

Die Bevölkerung hier besteht größtenteils aus Malayen, ferner Chinesen und Holländern, und haben uns dieselben schon einen Besuch abgestattet, um Früchte und andere Genußmittel an uns zu veräußern. – Was meine Person anbetrifft, so fühle ich mich wohl, Gott sei Dank, nur plagt mich öfter der Hunger, noch öfter der Durst. Des Morgens zum Waschen giebt es nur Salzwasser, und zum Zeugwaschen 1 1/2 Liter pro Mann frisches Wasser. Mit dieser kleinen Ration muß man oft 7-10 Stück Zeug waschen, eine Kunst, die auch nur ein Matrose verstehen kann, denn trotz der geringen Quantität Wassers muß die Wäsche tadellos gereinigt werden.

XI.

Tantjong Priok (Rhede von Batavia), den 17. Februar 1888.
Habe soeben meinen gestern geendigten Brief geöffnet, um Euch mitzuteilen, daß ich Eure lieben Briefe und Zeitungen, über die ich mich unendlich gefreut, erhalten habe. Ich danke Euch für das übersandte Geld, welches ich hier gut gebrauchen kann, da wir hier keins erhalten, außer am 1. jedes Monats. Unser Aufenthalt hier verzögert sich durch die Neubeschaffung von Proviant und Kohlen. Morgen laufen wir in den Hafen ein und da ich Urlaub zu bekommen hoffe, werde ich wohl Gelegenheit finden, dem schönen Batavia einen Besuch abzustatten. – Unser nächster Bestimmungsort ist Cooktown, ob wir unter-

wegs noch Zwischenstationen machen, ist unbestimmt, jedenfalls sind alle Postsachen nach Sidney zu richten, da wir dort höchstwahrscheinlich vor Anker gehen und nach allen Exkursionen dorthin zurückkehren werden.

Nach den Samoainseln, worüber ich schon so manches gelesen, soll der EBER auch gehen, und ich freue mich, diese interessante Inselgruppe kennen zu lernen. — Morgen feiern wir hier den Geburtstag des holländischen Königs, und wird es wohl an interessanter Unterhaltung nicht fehlen, da die Holländer alles aufgeboten haben, den Tag zu einem glanzvollen zu gestalten.

Die Hitze ist heute wieder kaum zu ertragen und macht viel Durst! Wir haben soeben 8000 Liter Wasser an Bord bekommen; ich habe mich bei dieser Gelegenheit einmal wieder ordentlich satt getrunken.

XII.

Cooktown, den 11. März 1888.

Erst heute komme ich wieder dazu, Euch, meinen Lieben daheim, einige Zeilen nach der Heimat zu senden, trotzdem wir schon am Mittwoch, den 7. März, hier geankert haben. Wir verließen Batavia am Sonnabend, den 18. Februar, abends 5 Uhr. Am Dienstag, den 21. Februar, passierten wir die Insel Madura, wo uns eine Unmenge von malayischen Fischerbooten umkreiste. Die Insel, schön gelegen, ist mit üppiger Vegetation reich gesegnet und bietet ein imposantes Panorama. Wir nahmen jetzt Kurs nach der Surra Bay (Südspitze von Java). Am Tage herrschte eine solche Hitze, daß wir uns kaum beim Exerzieren halten konnten und furchtbaren Durst litten. Am Abend desselben Tages gingen wir in Bandjoe Wanojie auf Java vor Anker, wo wir Depeschen erwarteten, aber nicht erhielten. Die Stadt liegt entzückend. Haifische und Krokodile sehen wir in Unmenge unser Schiff umkreisen. An Land kamen wir leider nicht, da wir schon morgens um 1/2 6 Uhr wieder Anker lichteten. Jetzt gingen wir zwischen der Insel Java und Bali hindurch. Am Vormittag setzten wir alle Boote auf See aus, um eine Uebung zu machen, die erst um 1 Uhr beendigt war, und bei der wir nicht wenig Schweiß verloren haben. Als am Mittag Wasser verausgabt wurde, entstand beinahe die größte Schlägerei, denn jeder wollte sich als erster in den Besitz des Labetrunkes setzen. Aber was ist 1/2 Liter Wasser bei der Hitze — ein Tropfen auf einen heißen Stein. Nachmittags 4 Uhr bekamen wir die Insel Sumbawa in Sicht, welche mit Recht die fruchtbarste der Südseeinseln genannt werden kann. Am Donnerstag, den 23. Februar, fuhren wir immer unter Land obiger Insel. Am Freitag passierten wir die Insel Sumba. Sonnabend hatten wir kein Land mehr in Sicht bis abends gegen 5 Uhr. Um 6 Uhr gingen wir in Kupang auf der Insel Timor vor Anker. Timor ist halb holländisch, halb portugiesisch, Kupang ist portugiesisch. Die Stadt ist bewohnt von Holländern, Chinesen und Eingeborenen. Die ersteren wohnen in einem Stadtteil für sich, und herrscht auch hier die berühmte holländische Sauberkeit. Die Eingeborenen wohnen im Walde in Hütten, welche Pfahlbauten nicht unähnlich sehen. Die Insulaner kamen mit Bananen, Kokosnüssen, Zucker und Kakadus an Bord des EBER und machten recht gute Geschäfte. — Am Sonntag, den 26. Februar, lichteten wir wieder Anker und gingen zirka 2 Meilen weiter nach der Kohlenstation von Kupang.

Am Montag Morgen nahmen wir Kohlen über, zu welchem Zwecke wir Eingeborene engagierten, was überhaupt seit Aden immer der Fall war. Wir Matrosen fuhren mit den Booten an Land, um dieselben zu waschen. Nach Beendigung dieser Arbeit gingen wir am Strande Muscheln sammeln. Ich habe sehr schöne Exemplare, auch Korallen mit an Bord genommen, um sie mit nach der Heimat zu bringen. Da wir nur mit Hosen bekleidet waren, so muß das Bild der muschelsuchenden Strandläufer höchst originell ausgesehen haben. — Gleich hinter dem Kohlenschuppen beginnt der Urwald, welcher fast undurchdringlich scheint. Wir bahnten uns, so gut es ging, Wege und stießen bald auf Hütten von Eingeborenen, die uns staunend betrachteten. Letztere, namentlich die Weiber, starrten von Schmutz. — Da hier kein Trinkwasser vorhanden, so wird von den Eingeborenen das Regenwasser in großen Muscheln aufgefangen. Die Nahrung dieser Menschen besteht aus Früchten und Mais, welchen letzteren sie mit Steinen zu Mehl klopfen und dann eine

Auf Wache

Art Kuchen daraus bereiten. Bei unserem Herumstreifen hatte
mir wie allen meinen Kameraden die Sonne derartig den Rük-
ken verbrannt, daß ich faustgroße Blasen hatte, vor Schmerzen
drei Nächte nicht schlafen konnte und immer auf dem Bauch
liegen mußte. Darauf ging die Haut ab, und ist mir jetzt wieder
besser. Nachdem wir 30 tons Kohlen übernommen hatten, wofür wir 3000 Mark zahlen mußten, lichteten wir am Dienstag
früh 3/4 6 Uhr die Anker und fuhren nach Kupang zurück, wo
unser Kommandant dem Land noch einmal einen Besuch ab-
stattete. Um 10 Uhr zurückgekehrt, gingen wir 1/2 11 Uhr in
See. Wir hatten beständig Gewitterluft und furchtbare Schwüle.

Eine Unmenge Haifische war wieder längsseit unseres Schiffes. Am Mittwoch, den 29. Februar, regnete es den ganzen Tag, was uns wegen der dadurch entstehenden Abkühlung überaus angenehm war. — Wir steuerten nun auf die Torresstraße zu durch die Korallen- und Arafura-See und ankerten am 5. März 1888 in Kennedy Port auf dem Thursday Island (Donnerstags-Insel), um einen Lotsen nach Cooktown zu nehmen und unseren Gesundheitspaß visieren zu lassen.

Am Sonntag, den 4. März, mußte ich wieder, weil die Reihe wieder an mir war, in den Heizraum des Schiffes hinunter, weil die Heizer allein es nicht mehr schaffen konnten (60° Celsius). Einer von den Matrosen fiel am Mittwoch im Heizraum, vom Hitzschlag getroffen, um und lag 24 Stunden ohne Besinnung und im Fieber. Heute befindet er sich schon wieder etwas besser, ist aber immer noch schwer krank. Am Mittwoch, den 7. März 88, nachmittags 3 Uhr, liefen wir in den Hafen von Cooktown ein, nachdem wir immer an der Küste von Queensland entlang gefahren. Der Lotse erhielt 27 Lstr. = 540 Mark. Cooktown ist eine höchst originelle Stadt und wunderschön gelegen. Die Häuser sind alle aus Holz oder Wellblech gebaut. Die Einwohner sind Deutsche, Engländer und Chinesen. Die Australier wohnen abgelegen auf einer Seite des Hafens. Die Deutschen sind meistenteils Bauern, Goldgräber, Hoteliers oder Geschäftsleute, ebenso die Engländer; die Chinesen nur Obsthändler. Geld spielt hier keine Rolle. Ein Glas Bier (kleines Wasserglas) kostet nach deutschem Gelde 50 Pfg., unter welchem Preis man überhaupt fast nichts erhält, nicht einmal ein Streichholz.

20 Mark hier in der Tasche ist gleich 2 Mark in Deutschland. Außerdem herrscht hier Freiheit und Gleichheit. Heute ist einer Bauer, morgen Straßenkehrer, Kellner, Koch oder sonst was. Eine Stelle als Kellner oder Koch bringt die Woche 50—60 Mark ein, unter welchem Preis hier überhaupt schwer jemand arbeitet. Das Fleisch ist hier billig, alles andere aber nach deutscher Anschauung kaum zu bezahlen. Vorgestern, am Freitag, den 9. März, wurde ich mit 6 Mann an Land geschickt, um beim Konsul einen Saal zu dekorieren, in dem für die EBER-Besatzung ein Ball stattfinden sollte. Wir hatten zu diesem Zweck unsere sämtlichen Signalflaggen mit von Bord genommen und sonstige

für die Dekoration geeignete Gegenstände. Grüne Zweige hatte uns der Konsul zur Verfügung gestellt. — Wir hatten den großen Saal unter meiner Leitung schon fast fertig, als die Nachricht vom Tode unseres allgeliebten Heldenkaisers Wilhelm eintraf. Sämtliche Einwohner Cooktowns hißten sofort alle Flaggen halbstocks. Obgleich wir noch keine offizielle Nachricht erhalten, bekamen wir doch den Befehl, die Dekorationen wieder abzunehmen, da unter so traurigen Umständen von einem Balle beim Konsul natürlich keine Rede sein konnte. Auch heute, am 11. März, noch sind wir in Ungewißheit, ob unser guter Kaiser tot ist oder nicht. Die letzte Depesche lautet, daß Majestät eine schwere Ohnmacht gehabt und schwer krank ist. Englische Blätter aber, von denen am 9. zwei an Bruder Otto per Kreuzband abgesandt, melden den Tod unseres geliebten Monarchen. —

Nach Sidney, meine Lieben, gehen wir sobald noch nicht. Wir haben Befehl, nach Finschhafen auf Neu Guinea zu gehen, weil die Schwarzen sich dort wieder empört haben und aufständisch geworden sind. Von da aus gehen wir nach Matupi auf den neuen Hebriden, um auch dort den Aufstand zu dämpfen. Wann wir unter solchen Verhältnissen nach Sidney kommen werden, ist ganz unbestimmt. Die Schwarzen hier in Cooktown dürfen sich nicht in der Stadt sehen lassen. Trotzdem aber schwärmen sie in Scharen hier herum; meistenteils Weiber, welche so schmutzig und häßlich sind, daß man sich ordentlich fürchtet, sie bloß anzusehen. Von Zeit zu Zeit, wenn sie die Stadt durch ihre Gegenwart zu sehr belästigen, bekommen sie wieder mal eins aufgebrannt und werden dann für einige Zeit unsichtbar. Sie wohnen in Erd- und Pfahlhütten mitten im Walde. Wir sind stets zu mehreren, wenn wir in die Wohnungsbereiche der Eingeborenen kommen, denn ein einzelner Mann von uns dürfte sich ohne Gefahr für sein Leben wohl kaum dort blicken lassen. So oft ich an Land war, habe ich bei einem Chinesen stets freundliche Unterkunft gefunden und von ihm mehrere kleine Geschenke erhalten, von denen ich Euch ein Blatt aus einem chinesischen Buche heute übersende.

Empfangt die herzlichsten Grüße aus der Ferne. Euren letzten Brief erhielt ich in Batavia.

XIII.

Apia auf der Insel Upolu, den 25. April 1888. (Samoainseln.) Zu Anfang meiner Zeilen vor allen Dingen Dir, liebe Mutter, die herzlichsten Glück- und Segenswünsche zu Deinem Geburtstage am 24. April. Ich habe nicht erst heute an den gestrigen Tag gedacht, nein, schon vor 4 Wochen hätte ich meine Gratulation absenden mögen, — aber die Verbindung mit der Heimat von hier aus ist so unregelmäßig, daß man oft Wochen, ja Monate lang warten muß, bis der ersehnte Postdampfer Briefe sowohl von der Heimat bringt, als auch solche den Lieben daheim bringen soll. Aus diesen Gründen, meine liebe Mutter, mußt Du mir verzeihen, wenn erst so spät mein Geburtstagsbrief eintrifft. Der liebe Gott mag Dich uns allen noch recht, recht lange erhalten und fügen, daß wir uns ebenso glücklich und gesund wiedersehen, als ich Euch alle, meine Lieben, daheim verlassen. — Doch nun zu meinem Bericht. Mein aus Cooktown am 11. März abgesandter Brief ist durch die Hofpost gewiß schon in Eure Hände gelangt. Mein heutiges Schreiben umfaßt also einen Zeitraum von fast 6 Wochen, welche seit Abgang des letzten Briefes in die Ewigkeit verschwunden sind. Ja, liebe Eltern, 6 Wochen, in denen wir wieder über 3000 engl. Meilen zurückgelegt und viel erlebt haben. Vier Wochen waren wir permanent auf See. Wie ich Euch in meinem letzten Briefe glaube mitgeteilt zu haben, hatten wir in Cooktown nach Ableben unseres guten Kaisers Wilhelm Ordre erhalten, nach Apia zu gehen, und S. M. S. Olga abzulösen, welche dort seit Oktober vorigen Jahres liegt, ferner Streitigkeiten, welche stets hier herrschen, zu schlichten und uns einigermaßen von dem ewigen Fahren zu erholen.

Nachdem wir in Cooktown schöne Tage verlebt, verließen wir diese Stadt am Nachmittag des 18. März bei strömendem Regen. Hunderte der dortigen deutschen Einwohner standen am Bollwerk und wünschten uns gute Reise und glückliche Ankunft in Apia. Noch lange wurden Hüte und Tücher geschwenkt, bis wir auf offener Rhede vor Anker gingen, um bis zum nächsten Morgen Hochwasser abzuwarten.

Am 19. März, früh um 8 Uhr, lichteten wir Anker und dampften mit Kurs auf die Salomonsinseln in den großen Oze-

Hängemattenausgabe

an hinein. Bald hatten wir die hohen Berge Australiens außer Sicht, und die Hitze fing an, sich wieder recht fühlbar zu machen. Kein Lüftchen regte sich, weswegen wir in beiden Kesseln mit voll Dampf fahren mußten, da cr. 3000 Mille zurückgelegt werden sollten, und wir wenig Zeit zu verlieren hatten. Doch schon nach 8 Tagen, nachdem wir wieder von den heftigsten Durstqualen gemartert waren, und das Aufsammeln von Regenwasser (es regnete täglich) uns viele Arbeit verursacht hatte, schmolz unser Kohlenvorrat so zusammen, daß wir unsren Kurs ändern und den Neu-Irlands-Inseln zusteuern mußten. Neu-Irland, jetzt Neu-Pommern und Neu-Mecklenburg (Bismarck-Archipel), ist deutsche Besitzung und steht unter dem Schutze der Neu-Guinea-Kompagnie. Am 28. März ankerten wir in Matupi, einer kleinen Insel, die ebenfalls deutsches Eigentum ist. Eine wundervolle Hafeneinfahrt und die üppigste Tropenvegetation bot sich unseren Blicken dar. Rechts auf Neu-Mecklenburg ragten mehrere feuerspeienden Berge (Süd-Schwester, Nord-Schwester, Vater, Mutter u.s.w. mit Namen) empor, von denen einer, trotzdem er 1878 zum letzten Mal in Thätigkeit war, noch dampfte. Eine Unmenge Schwefelasche und Lava lagert in der ganzen Umgebung der Berge, und habe ich verschiedene Schwefel- und Lavastücke meiner Muschel- und Steinsammlung einverleibt. — Kaum hatten wir geankert, so waren auch schon eine Unmenge Kanoes längsseit des EBER, welche meistens nur mit Weibern besetzt waren. Trotzdem sich schon einige deutsche Faktoreien auf der Insel befinden, gewahrten wir doch noch eine Unmenge der Einwohner vollständig nackend, Männer sowohl wie Frauen und Kinder. Einige hatten nur ein dürftiges Stück Zeug (Labba Labba) um ihre Lenden geschlagen, andere sich einen Schurz aus Pflanzen geflochten. Wenn auch die Gestalten der Eingeborenen auf Matupi groß und kräftig sind, so bieten sie doch nichts Anziehendes, denn so häßliche Menschen hatte ich noch nie gesehen. Wenn auch von Natur aus ein hübscher Gesichtszug da ist, so ist er doch durch das Tätowieren, Aufschlitzen der Ohrlappen und durch die eigentümliche Haartracht so verändert, daß wirklich ein schöner Geschmack dazu gehört, dieselben hübsch zu finden. Die Haartracht ist eine so verschiedene, daß man unter Hunderten nur 10 höchstens mit derselben Frisur antrifft; bei einigen findet man schwarze, bei anderen rote, gelbe und in noch anderen Farben schillernde Haare, ferner sind dieselben lang, kurz, lockig oder ganz kahl wegrasiert. Am häßlichsten ist die Haartracht derer, die die Haare gleichmäßig um den Kopf herunterhängend tragen, dieselben sehen aus, als hätten sie Bindfaden auf dem Kopf. Außerdem tragen sie Federn, Muscheln, Pflanzen und verschiedene andere Sachen auf dem Kopf, nur keine regelmäßige Kopfbedeckung.

Ich freute mich schon auf den Sonnabend Nachmittag, wo ich an Land kommen sollte.

Nachmittags um 2 Uhr wurden wir von Bord gesetzt. Die ganze Insel, welche man in gut zwei Stunden durchstreifen kann, ist dicht mit Kokospalmen bewachsen. Einige andere Tropengewächse mit den prachtvollsten Blüten sind ebenfalls in Menge vorhanden, und die Schlinggewächse öfter so dick, daß man kaum hindurch gelangen konnte. Zuerst besahen wir uns die Faktorei, nachher gingen wir quer durch die Insel. Die Eingeborenen wohnen in Hütten aus Bambus und Zuckerrohr, und ist jedes Besitztum mit einem Staketenzaun aus Rohr umgeben. Eine Hütte reiht sich an die andere. Die Weiber, welche mei-

Eingeborene in Matafele, im Hintergrund: das deutsche Konsulat

stens vertreten waren, weil die Männer am Tage zum Fischen oder auf Raub und Jagd auszogen, blieben uns stets drei Schritte vom Leibe und flohen, wenn wir Miene machten, sie anzufassen. Erst als wir Messer, Spiegel und vor allen Dingen Tabak (welchen die Weiber aus Kalkpfeifen rauchen) zum Tausch sehen ließen, wurden sie zutraulich und freundlicher. Eine Frau, zirka 15 Jahre alt, wollte mir für einen kleinen Taschenspiegel ihren kleinen Jungen, welchen sie im Arm hatte, geben. Ich begnügte mich aber mit einigen Armbändern, Halsketten aus Muschelschnüren, welche ich mit an Bord nahm, um diese Sachen nach der Heimat mitzubringen. Kokosnüsse und Bananen hatten wir bald genug gegessen. Wir schacherten uns nun noch einige Speere und andere Sachen, denn Geld hat keinen Wert, und gingen dann an den Strand Muscheln suchen, von denen ich prachtvolle Exemplare gesammelt. Nun kehrten wir in die chinesische Faktorei ein, wo wir die Flasche Hamburger Bier mit

47

1 M. 50 Pf. bezahlten. Ein Kognak kostete 50 Pf. Abends 8 Uhr lud uns der chinesische Koch vom Konsul zum Abendbrot ein, das aus Thee, Brot mit Butter und eingemachten Früchten bestand und uns vortrefflich mundete. Um 9 Uhr gingen wir an Bord des EBER zurück. Am Gründonnerstag nahmen wir Kohlen über, blieben aber über Ostern in Matupi liegen. Am 2. Feiertage ging ich wieder an Land und schaute mich wie das erste Mal ordentlich um. Drei Missionare bewohnen die Insel, und sind die Einwohner größtenteils treue Anhänger der christlichen Religion. Ein großes Haus aus Bambus dient als Kirche und Schule. Ich wohnte einem Gottesdienst und einer Schulstunde bei. Der Missionar stand am Altar (eine große Kiste am Ende des Innern der Kirche), und die anwesenden Kanaker lagen oder knieten um ihn herum. Zuerst wurde gesungen, darauf knieten alle nieder, verrichteten ihr Gebet und hörten kniend der Predigt zu, von der ich zwar kein Wort verstand, aber aus den Bewegungen und aus dem Ton, mit welchem der Missionar sprach, konnte man deutlich herausfühlen, daß ihm das, was er sprach, vom Herzen kam. Nach der Predigt war Unterricht. Einige lasen, einige schrieben, andere rechneten. Die drei Aufgaben, welche der Missionar stellte und auf die Tafel mit Kreide schrieb, lauteten:

$$\begin{array}{r} 5\,859 \\ +\ 3\,785 \\ +\ 9\,473 \\ \hline \end{array} \qquad \begin{array}{r} 65\,432 \\ +\ 98\,765 \\ \hline \end{array} \qquad \begin{array}{r} 78\,654\,321 \\ +\ 54\,378\,905 \\ \hline \end{array}$$

Es dauerte nicht lange, so hatte einer, bald darauf mehrere auf ihrer Schiefertafel die Exempel ausgerechnet, wovon ich mich überzeugte, und was mir viel Spaß machte. –

Am Donnerstag, den 5. April, verließen wir Matupi mit Kohlen im Bunker und an Deck, so daß wir immer über dieselben hinwegklettern mußten. – Am Freitag gingen wir durch den Georgskanal und passierten am Sonntag die nördlichste der Salomonsinseln. Von jetzt ab hatten wir nichts wie Himmel und Wasser um uns. Die Fahrt verlief ohne weiteren Unfall und wir stoppten am 19. April bei der Insel Nanomea (Ellice Gruppe) oder St. Augustine-Insel, um Schweine zu kaufen. Hier wie in Matupi ist eine solche Schweinezucht, daß dieselben frei im Wald herumlaufen. Es dauerte nicht lange, so hatten wir die Eingeborenen in ihren Kanoes längsseit unseres Schiffes. Diesel-

Straße in Apia. Aus: Roskoschny (1886)

ben sind, was Hautfarbe und Tracht anbetrifft, das Gegenteil
von den Kanakern der Insel Matupi. Ein wirklich hübscher
Menschenschlag und kräftig gebaut, dabei reinlich und ziemlich
gut gekleidet. Unter den Weibern sah ich bildschöne Gestalten,
welche mir sehr gefielen, und mit denen ich mich auch ganz gut
verständigen konnte. Dieselben brachten eine Unmenge Hühner an Bord, und schacherten wir für eine Kalkpfeife für 2 Pf.
zwei bis drei Hühner, für ein Packet Tabak zu 40 Pf. gab es deren fünf, und für ein Stück Hartbrot ebensoviel. Wir ließen uns
die Hühner vom Koch zubereiten und haben uns dieselben nach
so vielem Salzfleischessen wieder einmal ordentlich gemundet.
Um 5 Uhr nachmittags dampften wir weiter und trafen gestern,
am 24. April, gerade an Mutters Geburtstag, hier in Apia ein.
S. M. S. Olga und S. M. S. Adler, welche hier schon seit Monaten liegen, empfingen uns mit freudigem Willkommen. Gestern

ging ich gleich an Bord der OLGA, wo ich viele ehemalige Kameraden von der HANSA traf, unter anderen die Ober-Maschinistenmaate Anders und Theuerkauf, bei welchen in der Kammer ich bei Bier und Jamaika-Rum bis 1 Uhr nachts kneipte. Beides gute Bekannte von Bruder Otto, senden demselben durch mich die herzlichsten Grüße. –

Heute verließ die OLGA den Hafen von Apia, um nach Singapore zu gehen, und haben wir deren Stelle eingenommen. Nach Sidney werden wir wohl vor Herbst nicht kommen, da wir der hier unter den Eingeborenen ausgebrochenen Streitigkeiten wegen Aufsicht üben müssen und wohl die ganze Gegend hier ablaufen werden.

Die Amerikaner, welche ebenfalls Schiffe hier zu liegen haben, wollen uns gern Samoa streitig machen und hier die Obergewalt in die Hand bekommen.

Wegen der Kürze unseres bisherigen Hierseins kann ich noch nichts über hiesige Verhältnisse mitteilen, werde aber bald mehr von mir hören lassen. Soviel kann ich Euch nur mitteilen, daß ich seit gestern fast schon 40 Apfelsinen verzehrt habe. Für ein Stück altes Brot erhält man Apfelsinen, so viel man will, Bananen oder andere Früchte.

Ueber Eure Briefe, wie die von meinen Brüdern Otto und Johannes, sowie von meinem Freunde Carl Krüger aus Darmstadt, welche ich alle gestern erhielt, habe ich große Freude gehabt, und danke ich Euch allen herzlich für die Grüße aus der lieben deutschen Heimat. Meine Briefe nimmt das amerikanische Kriegsschiff MOHICAN morgen mit, welches unsere Post über San Francisco befördert, von wo sie nach New York weiter expediert wird.

XIV.

Apia, den 6. Mai 1888.

Trotzdem dieser Brief erst am 24. von hier über San Francisco nach der Heimat abgeht, will ich doch heute schon den freien Sonntag Nachmittag benutzen, etwas von meinem jetzigen Auf-

Das Haus des Gouverneurs in Mulinuu

enthalt an Euch, meine Lieben daheim, zu berichten. Wenn wir auch erst kurze Zeit hier sind, so bin ich doch schon verschiedene Male an Land gewesen und habe mich dort gehörig umgesehen. Apia bietet für einen Fremden wenig. Nur die üppige Tropenvegetation ist hier herrlich, und erstreckten sich unsere Spaziergänge größtenteils nur in die Apfelsinen- und Bananenwälder, von welchen Früchten wir pro Mann durchschnittlich ca. 20–30 Stück täglich bis jetzt verzehrt haben. – Apia oder vielmehr ganz Samoa ist fast deutsch, auch sind viele Deutsche hier ansässig.

Wenn man aber bedenkt, wie viele andere Länder auf diesen Inseln ihre Rechte geltend machen wollen, so kann man sich leicht vorstellen, daß der Deutsche keinen leichten Stand hier hat. Da ist vor allen Dingen Nord-Amerika, welches auf verschiedenen Stellen seine Flagge wehen hat, und welches oft zu Reibereien Anlaß giebt, indem die Amerikaner die Kanaker gegen uns aufwiegeln.

In zweiter Reihe sind es die Jesuiten, welche hier ihre Mission treiben, Kirchen gebaut haben und ihre Lehren bei den Kanakern verbreiten. Dieselben haben hier viele Anhänger und besitzen ausgedehnte Strecken Landes. Außerdem hat England und Frankreich etwas Besitz hier, aber sehr unbedeutend. – Die Eingeborenen wohnen in einzelnen Hütten. Der besser gebaute Teil Apias, wo meistens Deutsche und Engländer wohnen, heißt Mulinum, und befindet sich hier das deutsche Konsulat und das

Kaiserliche Postamt. Vor demselben befindet sich, wie bei uns üblich, ein Schild mit der Aufschrift »Kaiserlich deutsche Post-agentur«. Außerdem sind in diesem Stadtteil die Hotels und Re-staurants. – Die Vegetation der Insel ist, wie schon erwähnt, sehr üppig. Neben Kokospalmen giebt es unzählige Apfelsinen-und Bananenbäume. Wenn wir täglich nachmittags 4 Uhr zum Baden gehen im Fluß, welcher Samoa durchfließt, so kommen wir stets mit Taschen voll Apfelsinen zurück. Das Baden im Fluß ist äußerst angenehm. Wir haben von der Landungsstelle bis zum Badeplatz etwas über 20 Minuten zu gehen. Der Fluß ist zwar nicht breit, aber ziemlich reißend. Er bildet eine Un-menge Wasserfälle und ist verschieden tief. Die Stelle, wo wir baden, und das angrenzende Land gehört einem deutschen Fak-toristen namens Theodor Weber, welcher fast das ganze deut-sche Gebiet hier sein eigen nennt und sehr reich ist. Wir be-kommen wöchentlich dreimal frisches Fleisch von der Faktorei, welches stets von ca. 20 Säcken Apfelsinen für die Mannschaft begleitet ist. Die Bewohner der Insel sind schon größtenteils kultiviert. Die Frauen tragen ziemlich viel Kleidung und haben langes, kohlschwarzes Haar, welches teils in Flechten herab-hängt, teils hinten zusammengeknotet ist; ich sah bisher unter den Weibern manche Schönheit nach hiesigen Verhältnissen. Der jetzt hier regierende König Tamasese wurde im vorigen Jahre vom damaligen Geschwader-Chef, Kapitän zur See Heus-ner, eingesetzt, nachdem man den deutschfeindlichen König Malietoa gefangen genommen. Letzterer ist an Bord S. M. S. Al-batross gekommen und nach Kamerun transportiert. Einige be-haupten sogar, Malietoa sei in Berlin, niemand aber weiß etwas Genaues. Tamasese ist ein sehr freundlicher Mann, welcher sich mit jedem Matrosen unterhält, der bei seiner Hütte vorbei-kommt. – Auf meinen Wanderungen durch die Hütten der Eingeborenen wurde mir öfter eine sogenannte Cavabowle vor-gesetzt, welche einen eigentümlichen Genuß gewährt. Hat man sich glatt auf die Erde gesetzt, die Eingeborenen im Kreise her-um, so wird eine große Schale aus Holz gebracht. Jeder be-kommt eine Cavawurzel, welche ausgekaut wird, und dann werden die ausgekauten Fasern in die Schale geworfen. Hier-über wird dann Kokosnußmilch gegossen, das Ganze einen Au-

Der Häuptling Tamesese

genblick stehen gelassen, und dann langt jeder mit den Händen
wieder in die Schale und kaut von neuem die Wurzelfasern aus.
So unappetitlich die ganze Geschichte ist, so war mir doch diese
Cavabowle etwas Neues, und sie hat mir ganz vortrefflich ge-
schmeckt.

Die Verbindung der Samoainseln mit den anderen Erdteilen
geschieht nur vierwöchentlich von Sidney und San Francisco
aus, und bringen dann die beiden Dampfer, welche diese Verbindung aufrecht erhalten, alles mit, was zum Leben gehört.
Bleibt einmal ein Dampfer aus, was öfters geschieht, so ist es
schwer, irgend etwas zu bekommen. Postverbindung ist ebenfalls
nur auf diesem Wege möglich. Das Leben ist hier äußerst teuer,
und da ich mir wieder gern einige Sachen anschaffen möchte,

auch leichtes Tropenunterzeug, so würdet Ihr mir, meine lieben Eltern, durch eine Geldsendung eine Freude bereiten. Eine Flasche Bier kostet hier 2 Schilling, ein Kognak 50 Pfg., ein kleines Brot 50 Pfg., ein Glas Limonade desgleichen.

Vor Abgang der nächsten Post hoffe ich, Euch noch Weiteres berichten zu können.

XV.

Apia, den 26. Mai 1888.

»Ein Fest in Vailele« oder auch »Ein Pfingstvergnügen auf den Samoainseln«, so möchte ich meinen heutigen Brief überschreiben. Wie ich Euch bereits mitteilte, bietet der Aufenthalt in Apia einem Deutschen wenig Amusement. Wenn auch der Ort und seine Umgebung an Naturschönheiten und Sehenswürdigkeiten reich ist, so habe ich mich doch jetzt schon so an die Tropenvegetation gewöhnt, daß ich Neues wenig mehr herausfinde. Aus diesem Grunde und aus Liebe zu allen anwesenden deutschen Marineangehörigen veranstaltete Herr Farmbesitzer Hufnagel, welcher ehemaliger Hamburger Schiffskapitän und früher Einjährig-Freiwilliger in der deutschen Marine war, am 2. Pfingstfeiertage für die Besatzungen S. M. Schiffe ADLER und EBER auf seiner Farm Vailele ein großes Fest. Ich muß vorausschicken, daß Herr Hufnagel ein sehr reicher Grundbesitzer der Insel und wohl der liebenswürdigste Mensch ist, den ich je kennen gelernt habe. Er ist unverheiratet und sieht aus diesem Grunde gern lustige Gesellschaft um sich, da ihm doch wohl oft das Leben hier einsam vorkommt, wenn keine Schiffe im Hafen liegen. Unsere Offiziere sind ständige Gäste auf der Farm und jeder Matrose, welcher auf seinen Urlaubsausflügen dieselbe besucht, wird auf das freundlichste empfangen und bewirtet. Doch nun lasset mich zu meinem Festbericht kommen. − Da die Hinfahrt nach Vailele mittelst Booten erfolgen sollte, so machten wir sowie die ADLER-Mannschaften uns schon am ersten Pfingsttage nachmittags dabei, unsere Boote auszuschmücken. Mit Hülfe verschiedener Nationalflaggen (besonders von den

Kapitän Hufnagel

Südseestaaten, die ja auf jedem Kriegsschiffe im Etat sind) und grüner Palmzweige war diese Arbeit bald vollendet, und nach Verlauf von 2 Stunden waren die 4 Boote so weit fertig, daß wir sie am nächsten Morgen gleich benutzen konnten. Am Montag (2. Pfingsttag), morgens 6 Uhr, nachdem wir Kaffee getrunken, bemannten wir die Boote, worauf der Dampfkutter vom ADLER uns ins Schlepptau nahm. In dem letzten Boot befand sich die 12 Mann starke Kapelle des ADLER und unter den lustigen Klängen des Preußenmarsches sowie verschiedener anderer Musikpiècen dampften wir, vom schönsten Wetter begünstigt, aus dem Hafen. Nach zirka 1 1/2stündiger Fahrt landeten wir in der Bucht unweit der Farm Vailele und schifften uns ans Land aus. Hier erwarteten uns bereits drei mit Ochsen bespannte Leiterwagen, welche uns auf dem noch einstündigen Wege nach der Farm bringen sollten. Bald waren die Wagen besetzt, und langsam aber sicher kamen wir nach einstündiger Fahrt in Vailele an, wo uns Herr Hufnagel freundlichst willkommen hieß. Nachdem wir die Wagen verlassen, marschierten wir, die Musik voraus, nach dem Wohngebäude, welches ungefähr noch 10 Minuten entfernt war. Große Kannen mit Milch, verschiedene Kisten mit Flaschenbier, Apfelsinen und Kokosnüssen standen schon zum Imbiß bereit, und ließen wir uns alles vortrefflich schmecken. Nachdem unser erster Appetit gestillt war, besahen wir uns zuerst die Farm in ihrer ganzen Ausdehnung. Dreißig Esel und ebenso viel Pferde standen uns zur Verfügung, und machte uns das Reiten auf ersteren besonderes Vergnügen; es machte wirklich viel Spaß, die Tiere beritten zu machen. Alle Augenblicke fiel einer herunter, aber immer wieder wurde es von neuem versucht, die ganzen Tiere zu besteigen, und wenn man die komischen Reiterfiguren sah, so hatte man Gelegenheit zum Lachen genug. Am meisten wird auf der Farm Palmenöl bereitet, wozu das Fleisch der Kokospalmennüsse zuerst in großen Schuppen getrocknet wird. Die getrocknete Nuß wird Copra genannt und verbreitet einen geradezu widerlichen Geruch, weshalb auch die Copraschuppen alle etwas entfernt von den Wohngebäuden liegen. Die Arbeiter auf der Farm sind größtenteils Neger der Salomons-Inseln, aber auch Eingeborene Samoas (Kanaker), welche von brauner Hautfarbe sind. – Die zweite Einnahmequelle der Farm besteht in dem Verkauf von Apfelsinen, und sieht man im ganzen Umkreis auch weiter nichts wie Apfelsinenbäume und Palmen. Drittens ist die Rinderzucht von Bedeutung, und werden vornehmlich Ochsen gezüchtet, welche hier ganz vorzügliche Weide haben. – Um 11 Uhr machten wir uns nun auf den Weg zum großen Wasserfall, teils auf Ochsenwagen, teils auf Eseln oder zu Pferde.

Samoa ist sehr gebirgig und von vielen Flüssen bewässert, welche verschiedene Wasserfälle bilden, von denen einer der schönsten unweit Vailele gelegen ist. Hierhin brachen wir auf. Nach Verlauf von einer Stunde erreichten wir unter Führung unserer schwarzen Begleiter auf wirklich prachtvollem Wege den Fall, welcher in eine wahrhaft romantisch gelegene Schlucht seine Wasser herabstürzt. Der Fall hat eine Höhe von über 20 Fuß und schönes, klares, kaltes Wasser, welches uns bei der ziemlich starken Hitze so recht zum Baden einlud. Wir kletterten nun die ganze Schlucht ab, wobei uns die schönsten Tropen-

Die Vailelebucht

gewächse zu Gesicht kamen, und herrliche Aussichtspunkte uns manch entzückendes Panorama boten. Nach tüchtigem Herumtummeln in diesem prachtvollen Felsenthal machten wir uns zum Rückweg bereit, wozu ich einen Esel bestieg. Das Tier bockte zwar oft, ich hielt mich aber immer tapfer oben bis kurz vor der Farm. Hier jedoch nahm mein graues Reittier, nachdem ich es zum schnelleren Trabe wohl etwas unsanft angetrieben, den Kopf zwischen die Beine, und ehe ich mich versah, lag ich, gerade nicht sehr sanft, am Boden, was bei meinen Kameraden natürlich wieder ein großes Gaudium verursachte, zumal mein Esel, von seiner Last befreit, ausrückte, und ich mich zu Fuß auf den Weg machen mußte. In 15 Minuten hatte ich auch ohne Esel die Farm wieder erreicht. Als wir uns alle wieder auf dem Platze vor dem Wohngebäude angefunden, kam gerade Herr Kapitän Wietersheim, Kommandant vom ADLER, angeritten. Derselbe brachte für die am Feste Beteiligten die am Vormittag eingetroffene Post mit, und empfing auch ich bei dieser Gelegenheit Eure lieben Briefe vom März und April. – Jetzt sollte es zum Mittagessen gehen, und wir alle waren gespannt, was uns die Samoaküche bieten würde. Nachdem wir am Boden auf Matten von Kokosnußblättern Platz genommen, schleppten vier Neger ein ganzes, vollständig gebratenes Schwein von recht ansehnlicher Größe auf Kokosnußblättern herbei, da Präsentierteller hier nicht existieren und wohl auch in solcher Größe bei uns zu Hause schwer zu finden sein würden. Die Zubereitung des riesigen Schweinebratens will ich hier gleich einschalten. Nachdem das Tier geschlachtet und ausgenommen, wird das ganze Innere mit glühenden Steinen vollgepackt, darauf das ganze Schwein auf glühende Steine gelegt und mit solchen auch vollständig bedeckt. Auf diese Weise brät es einen Vormittag und wird ebenso saftig, mürbe und wohlschmeckend wie jeder im heimatlichen Bratofen zubereitete Schweinebraten. Eine Menge Frischbrot, Heringssalat, Hummern, in Blättern gebratene Fische, Palasami (ein eigentümlich zubereitetes, aber ganz angenehm schmeckendes Kraut), sowie eine Menge Flaschenbier, Sherry, Reis mit Hühnern, sowie Jams (Art Kartoffel) und Brotfrucht bot das gastliche Mahl des Herrn Hufnagel, das wir uns vortrefflich munden ließen.

Teller sowie Löffel und Gabeln gab es nicht, sondern es wurde auf samoanische Weise einfach mit dem Taschenmesser, das ja jeder bei sich führt, direkt von der Hand in den Mund, wie es heißt, gegessen. Nachdem alle gesättigt waren, spielte die Musik mehrere Tänze, und wir amüsierten uns mit den braunen und schwarzen Mädels ganz vortrefflich. Während des Essens war auch unser Kommandant, Herr Kapitänlieutenant Bethge, nebst mehreren Offizieren eingetroffen, die sich alle, voran Herr Hufnagel, an unseren Tänzen und darauf folgenden Spielen, wie Barrlauf, Topfschlagen, Katz und Maus u.s.w. beteiligten.

Unsere Boote waren längst nach Apia zurückgesandt, da der Rückweg zu Lande gemacht werden sollte. – Gegen 6 Uhr abends, nachdem wir ein donnerndes Hoch auf Herrn Hufnagel ausgebracht, verließen wir wieder auf den vorerwähnten Ochsenwagen die Farm Vailele. Vier Flüsse hatten wir auf unserem Wege zu durchschneiden, und zogen unsere Ochsen kräftig an, wenn die Fahrt 1-2 Fuß tief durch das Flußwasser ging. Bald

Samoanischer Junge mit seinem Lieblingsschwein

aber schickten wir die Wagen zurück, weil es ein zu schöner Abend war, und wir alle Lust bekamen, den Rest des Weges zu Fuß zurückzulegen. Herr Hufnagel, welcher uns zu Pferde begleitete, übernahm die Führung, und unter Musik und Gesang kamen wir bei vollster Dunkelheit in Apia an. Unsere Boote lagen schon wieder an der Landungsbrücke bereit und brachten uns in 10 Minuten an Bord. Wohlbefriedigt von dem herrlichen Fest und von den Annehmlichkeiten des Tages legten wir uns bald in die Kojen. Allen, mir aber besonders, wird der 2. Pfingstfeiertag 1888 ewig im Gedächtnis bleiben.

Ferner kann ich Euch, meinen Lieben daheim, heut gleich von einer anderen Festlichkeit berichten, die am 24. d. Mts. stattgefunden hat.

Aus Anlaß des Geburtstages der Königin von England flaggten sämtliche Schiffe über alle drei Masten. Die hier anwesenden Engländer, an ihrer Spitze der englische Konsul, hatten zur Feier des Tages an Land für die Eingeborenen eine große Festlichkeit veranstaltet, zu welcher die Kapelle vom ADLER konzertierte. Schon vormittags um 9 Uhr erhielten wir Urlaub. Das Fest verlief, unterstützt von dem herrlichen Wetter, in der schönsten Weise, und war fast die ganze Einwohnerschaft Apias an demselben beteiligt. Zuerst fand Wettrudern zwischen Kanoes statt, woran sich auch unsere sowie ein Boot vom amerikanischen Kriegsschiff MOHICAN beteiligten. Darauf war Wettschwimmen, Wettreiten, Wettlaufen, Sacklaufen, Steinwerfen, Faust- und Ringkampf und alle möglichen anderen Belustigungen, die den Eingeborenen viel Spaß machten, welche auch durch die ausgesetzten Preise hoch erfreut wurden. Um 3 Uhr nachmittags waren die Spiele beendet, und trieben wir uns nun im Busch bei den Eingeborenen umher, besahen uns die verschiedenen Kirchen und Schulhäuser, die von den Jesuiten in Unmenge hier erbaut sind, und deren innere Ausschmückung der Besichtigung wohl wert ist.

Uferbaracken in Matafele

Zum Abendbrot wurden wir von den Kanakern genötigt, deren Hütten jedem offen stehen, und die es unwillig aufnehmen, wenn man ihrer Einladung nicht Folge leistet. Man muß also gute Miene zum bösen Spiel machen, denn gerade Appetit erweckend ist in einer gewöhnlichen Hütte solch ein Abendimbiß nicht. Getrocknete Bananen, Fisch, Palasami, Jams, Brotfrucht und Palmöl sind die ganzen Herrlichkeiten, welche aber für einen echten deutschen Magen doch für die Dauer nicht ausreichen. Um 7 Uhr abends gingen wir an Bord zurück, recht befriedigt von den gehabten Eindrücken des interessanten Tages.

Näheres über die Lebensweise sowie Spiele und Tänze der Eingeborenen Samoas werde ich in einem späteren Briefe zu schildern versuchen. Für heute will ich schließen in der Erwartung, daß Euch die Mitteilung über unser hiesiges Pfingstfest interessieren wird. Als Gegensatz kann mir Schwester Lieschen ja den Schützenplatz in meiner Heimatstadt Gransee beschreiben, worüber ich mich sehr freuen würde. Dieser Brief geht wahrscheinlich am Dienstag, den 29., über Sidney mit dem Bre-

Uferbaracken in Matafele

mer Dampfer LÜBECK, welcher morgen erwartet wird, von hier ab. Nächsten Monat gehen wir vielleicht auf einige Zeit nach Sidney.

Apia, den 16. Juni 1888.

Erst morgen, am 17. Juni, wird unsere Hofpost geschlossen, und ist es mir auf diese Weise vergönnt, Euch, meine Lieben, noch einige Zeilen vor Thoresschluß zu senden. Ich füge dieselben meinem Pfingsten geschriebenen Briefe bei, da derselbe nicht mit dem Dampfer LÜBECK nach Sidney von hier abgegangen ist. Die Sendung der Briefe über Sidney dauert nämlich bedeutend länger wie über San Francisco–New York. Morgen resp. Montag erwarten wir wieder Post aus der Heimat, bei der hoffentlich auch für mich etwas dabei ist.

Doch nun will ich weitererzählen, was mir nach meiner Pfingstpartie zu verleben vergönnt war. Morgen vor 14 Tagen, am 3. Juni, war es, als ich mit meinem Freunde Karl Burmeister, Sohn des Hotelbesitzers Burmeister in Büsum (Holstein), eine schon längst geplante Reitpartie unternahm. Gleich nach der Musterung (Appell), morgens 10 Uhr, fuhren wir beide von Bord und mieteten uns von einem eingeborenen Kanaker zwei Pferde, wofür wir pro Pferd für den ganzen Tag 2 Dollars bezahlten (nach unserem Gelde augenblicklich M. 6,80).

Wir nahmen zuerst unseren Weg nach dem Seminar, einem Institut, auf dem eingeborene Geistliche herangebildet werden, die der englischen Kirche angehören. 5/6 der Eingeborenen gehören nämlich der englischen, 1/6 der römischen Kirche an.

Gleich hinter der hiesigen größten katholischen Kirche (ich sage größten, weil die kleineren Kirchen und Kapellen fast kaum zu zählen), welche auf französischem Gebiet liegt, beginnt der wirklich interessante Weg. Wir durchritten zuerst die französischen Wiesen, längsseit eines der vielen die Insel kreuzenden Flüsse. Links hatten wir den Fluß, rechts unendliche Sümpfe, auf welchen die üppigste Vegetation herrschte. Hohes, dichtes Gras, abwechselnd mit Bananenstauden und den mannigfaltigsten Blumen, bot dem Auge einen wahrhaft entzückenden Anblick. Auf diesem schmalen Pfade, zwischen Sumpf und Fluß gelangten wir nach Verlauf einer halben Stunde am Fuße des Apiaberges an. Hier befinden sich ca. 20-30 Hütten der Eingeborenen, welche im Gegensatz zu denen in Apia aus Stein und nicht aus Palmen- und Bambusstäben aufgebaut sind. Nachdem wir uns an einigen Apfelsinen und Bananen erfrischt, welche uns die Eingeborenen in der liebenswürdigsten Weise anboten, saßen wir wieder auf und ritten auf wunderschönem Pfade bergauf. Von hier aus entrollte sich vor unseren Blicken ein prachtvolles Panorama auf die See, die Städte Apia, Matafele und Mulinum (alle drei zusammen gewöhnlich Apia genannt) und die großen blumenreichen Gründe, durch welche wir zuerst geritten. Bald darauf hatten wir unser Ziel erreicht. Das Seminar, verbunden mit Kirche und Wohngebäude, liegt auf ca. 1/3 Höhe des Berges und ist von Bord aus ganz famos zu sehen. Das Schönste, die katholische Kirche, besichtigten wir zuerst. Dieselbe ist aus Steinen gebaut, rings mit einem Säulengang umgeben und außen weiß getüncht. Das Innere ist, wie bei allen katholischen Gotteshäusern, mit vielem Pomp und Luxus ausgestattet, besonders der Hochaltar. Außerdem sind erwähnenswert die vielen Heiligenbilder, mit denen die ebenfalls weiß getünchten Wände geschmückt sind. Bänke befinden sich nicht in der Kirche, da die Eingeborenen überhaupt keine Mobilien zum Sitzen haben, sondern stets mit untergeschlagenen Beinen sitzen. Einige Kanaker, welche uns die Kirche zeigten, öffneten auch das in derselben befindliche Harmonium, und da sich auch Noten vorfanden, so spielten Burmeister und ich abwechselnd einige Lieder, die von den Eingeborenen sogleich mit Gesang begleitet wurden. Das eine Kirchenlied hatte genau dieselbe Melodie wie unser schönes Lied »Deutschland, Deutschland über alles«. Nach Besichtigung des Seminars und der Wohngebäude, in denen wir nichts besonders Sehenswertes vorfanden, ritten wir auf dem Wege, den wir gekommen, wieder zurück. Unterwegs trafen wir auf einem freien Platz ca. 100 Eingeborene versammelt, welche den Platz zu einer am Nachmittag stattfindenden kirchlichen Feier festlich auszuschmücken im Begriff waren. – Nachdem wir kurze Zeit dem geschäftigen Treiben zugesehen, ritten wir weiter und gelangten um 1 Uhr mittags zu einer Kanakerhütte, die zur Farm Vailele gehört, wo unser schönes Pfingstvergnügen stattgefunden hatte. Wir wählten aber diesmal einen anderen Weg, als zu Pfingsten, und ritten quer durch den Busch auf ebenen und unebenen Pfaden. 5 Flüsse hatten wir zu durchreiten, die aber alle nicht breit und nicht tief waren. Wir kamen nach 1 1/2stündigen, fast immer im Trab zurückgelegtem Ritt, auf der Farm des Herrn Hufnagel an, wo wir wieder gastliche Aufnahme und Erquickung fanden. Nach einstündigem Aufenthalt schlugen wir den Rückweg ein, wählten aber wieder einen anderen Weg als damals. Wir ritten durch dick und dünn, unter über und über vollhängenden Apfelsinenbäumen hinweg, welche oft von uns einer ihrer schönen Früchte beraubt wurden. An einem mächtigen Baumriesen kamen wir vorüber (den Namen des Baumes, eine Art Laubholz, kenne ich nicht), welcher aus mehr denn 100 zusammenhängenden Stämmen bestand und cr. 50-60 Fuß hoch war. Unzählige Schlingpflanzen schlängelten sich an ihm empor, und das Ganze machte einen imposanten Eindruck. Um 5 Uhr langten wir wieder in Apia an und lieferten unsere Pferde ab. Da Karl und ich ziemlich Hunger verspürten, beschlossen wir, ein ordentliches Abendessen einnehmen zu gehen. Wir schlugen unseren Weg nach Matefele ein, wo wir im Occidental-Hotel, welches einem Deutschen gehört, den Tisch gedeckt und von einigen Kameraden bereits besetzt fanden. Wir speisten für einen halben Dollar (1,70)

> Bouillon,
> Schweinebraten mit Kartoffeln,
> Geflügel mit Gurkensalat,
> Kompott (Aprikosen und eine Art Kirschen),
> Brot, Butter, Käse, Schinken,

und ließen uns alles vortrefflich munden. Vollständig gesättigt brachen wir alle nach dem Eagle-House auf, einer englischen Kneipe, wo wir uns nach den Klängen einer Handharmonika mit den eingeborenen Mädels im Tanze noch bis 10 Uhr amüsierten, worauf ziemlich ermüdet der Rückweg an Bord angetreten wurde. – Gewiß wird es Euch interessieren, daß in den nächsten Tagen unter Führung eines Deutschen, der hier lange gelebt, eine große Gesellschaft Eingeborener, Männer und

Riesenbaum auf Upolu. Aus: Roskoschny (1886)

Frauen, von denen ich viele persönlich kenne, nach Europa abreist, um dort öffentlich aufzutreten. Sollten dieselben nach Berlin kommen, so verfehlt es nicht, Euch dieselben anzusehen. Sie werden in Nationaltracht debutieren, und ihre Gesänge wie Tänze und andere Schaustellungen werden viel Interessantes und Neues bieten. Besonders mache ich Euch auf den berühmten Mulepeipei (Gesang und Tanz mit komischen Gebärden und Pantomimen) und den Nationaltanz Siver-Siver aufmerksam.

Beide Tänze habe ich fast täglich gesehen und auch mitgetanzt. Bei den Männern ist besonders die eigentümliche Tätowierung des Körpers, von den Hüften bis zu den Knien, nach Art des Ankers, welchen ich mir auf der linken Hand habe machen lassen, erwähnenswert und höchst originell. Außerdem hat jeder Eingeborene auf dem Unterarm seinen Namen tätowiert, auf dieselbe Art mit Nadeln gestochen, und die Wunde mit chinesischer Tusche verrieben. Bei unverheirateten Männern und Frauen befindet sich der eigene Name nur auf einem Arm, bei Verheirateten der Name des Mannes oder der Frau auf dem andern. — Die Tracht ist interessant, namentlich bei den Weibern, darum rate ich Euch, einen Besuch der Karawane bei einer Anwesenheit in Berlin auf keinen Fall zu versäumen. — Hier an Bord des EBER geht alles seinen gewohnten Gang, und haben wir nach wie vor unter der kolossalen Hitze, welche täglich bis an 35° Celsius im Schatten kommt, viel zu leiden. Der »rote Hund«, eine der vielen Tropenkrankheiten, mit welchen wir alle, fast ohne Ausnahme immer behaftet sind, und die in Anschwellung der Schweißdrüsen besteht (die ganze Haut ist mit roten Pickeln wie besät), macht uns viele Schmerzen. Außerdem setzen einem Fliegen und Musquitos ununterbrochen furchtbar zu. Nachts ist es so warm, daß wir es alle nur ganz nackt in der Hängematte aushalten können. — Obgleich die Regenzeit eigentlich vorüber ist, regnet es doch noch täglich fort, wenn auch mit langen Unterbrechungen.

Für heut, meine Lieben daheim, will ich schließen, es ist 11 Uhr nachts und ich bin müde. Ich schrieb diesen Brief an der Hobelbank unseres Zimmermanns bei Beleuchtung eines Talglichtes, welche Art zu schreiben gerade nicht sehr bequem ist, aber in Ermangelung eines besseren Platzes immerhin gehen muß.

Daß Ihr daheim alle wohlauf seid, hoffe ich und wünsche Euch jetzt eine gute Nacht aus der Ferne.

XVI.

Apia, den 25. Juni 1888.

Da morgen der Dampfer LÜBECK von hier wieder nach Sidney abgeht, will ich nicht versäumen, wieder einige Zeilen abzusenden, da ich wohl sobald nicht wieder zum Schreiben kommen werde. Donnerstag früh verlassen wir Apia, um nach Jaluit auf den Marschallinseln in See zu gehen. Wir bekamen gestern die telegraphische Ordre, daß dort verschiedene Streitigkeiten ausgebrochen sind, und die dortigen Deutschen sehr die Gegenwart eines Kriegsschiffes wünschen. Wir werden wohl viel zu thun bekommen, denn gerade die Marschalls-Inseln sind die am wenigsten kultivierten von den Inseln der Südsee. Unsere Poststation bleibt Apia, wohin wir auch nach Erledigung unseres Auftrages zurückkehren werden. Am vergangenen Dienstag, den 19. Juni, bekamen wir von der hiesigen Regierung die Nachricht, daß verschiedene Weiße (Amerikaner) und Eingeborene sich gegen die Regentschaft Tamaseses aufgelehnt haben und letzteren zu stürzen im Sinne hätten. Außerdem sollten sich mehrere Einwohner heimlich den hier ziemlich hohen Steuern entzogen haben. Gleichzeitig erhielten wir den Auftrag, am Mittwoch, den 20., früh in See zu gehen, um die Rädelsführer, welche nach Saluafata (auf derselben Insel wie Apia) geflohen waren, festzunehmen. Morgens um 7 Uhr früh verließen wir denn auch Apia, nachdem sich der oberste Regierungsbeamte Tamaseses, Hauptmann Brandeis, mit einem Schreiber, Richter und 6 samoanischen Soldaten bei uns an Bord eingeschifft hatte. Um 10 Uhr waren wir in der Bucht bei Saluafata, welches reizend gelegen. Gleich nach Ankunft ging das Landungskorps, 2 Offiziere und 44 Mann stark, mit Gewehren und Revolvern bewaffnet (à Mann 40 Patronen), an Land. Dem Gerüchte nach waren einige der Ruhestörer nach Lufi-Lufi, einem Dorfe 2 Stunden landeinwärts, geflohen, wohin wir sofort aufbrachen. Es war ein herrlicher Weg. Auf dem Marsche durfte geraucht werden, und die zahlreichen neugierigen Eingeborenen folgten uns und brachten uns Kokosnüsse von allen Seiten herbei. — Wir waren in 3 Booten gelandet, bei welchen eine Wache von 7 Mann zurückblieb, die den Befehl hatte, kein Boot von Land absetzen zu lassen. In Lufi-Lufi angekommen, dauerte es auch nicht lange, bis wir 2 der Aufrührer entdeckt und gefangen genommen hatten. Die Weißen hatten sich, wie wir erfuhren, nach Amerika geflüchtet. Um 5 Uhr kamen wir mit unseren Gefangenen zurück, welche am selben Abend nach Ankunft in Apia vom Hauptmann Brandeis gleich mit an Land genommen wurden. — Am nächsten Tage gingen wir zu Vermessungen in See und liefen die ganze Küste der Insel Upolu ab, wobei wir die Insel Apolina passierten, welche nicht groß, aber wild romantisch gelegen, einen prachtvollen Anblick gewährt. Nachmittags 4 Uhr kehrten wir nach Apia zurück, wo uns für den nächsten Tag ein neuer Auftrag erwartete. Wir sollten nämlich die Post der hiesigen

Einwohner (der weißen Kaufleute) und unsere Post nach Paolo und 30 Eingeborene von hier nach Leone auf der Insel Tutuila bringen. Behufs dessen schifften sich die Genannten am Freitag früh bei uns ein, und wir gingen nachmittags in See. Sonnabend Morgen um 6 Uhr langten wir in der Hübner-Bai auf der Insel Tutuila an und gaben unsere Post an den dort befindlichen Postkutter ab. Mittags gingen wir nach Leone weiter. Wir kamen bald nach 12 Uhr dort an, schifften die 30 Eingeborenen aus und verweilten bis 5 Uhr nachmittags. Ich hatte das Glück, an Land zu kommen, und habe mich ordentlich umgesehen, soweit es in den 2 Stunden möglich war. Der Samoasprache schon einigermaßen mächtig, verständigte ich mich mit den Einwohnern ganz gut und kehrte wohlbefriedigt an Bord zurück.

An Naturschönheiten bietet die Insel Tutuila wirklich Prächtiges, und sind namentlich die an der Küste liegenden Felsklippen mit der sich an denselben brechenden Brandung landschaftlich von großer Wirkung. Nun gingen wir nach der Hübner-Bai zurück, wo uns derselbe Postkutter die inzwischen vom beipassierten Dampfer für uns mitgebrachte Post übermittelte. Dieselbe brachte uns die überaus schmerzliche Kunde von dem Tode unseres zweiten deutschen Kaisers, der seinem qualvollen Leiden erlegen. Unbeschreiblich war unser Schmerz und die allgemeine Trauer, als wir am Sonntag Morgen die Kunde nach Apia brachten. Alles hißte halbstocks, und heute früh wurde auf allen hier liegenden Schiffen aller Nationen zum Zeichen der Trauer über Kreuz getoppt. Die Flagge wurde halbstocks geholt. Mittags 12 Uhr wurde auf kurze Zeit wieder zurückgetoppt, die Flaggen wieder vorgeholt, und wir alle auf den Nachfolger Kaiser Friedrichs (der Name, den der jetzige Kaiser trägt, war noch unbekannt) vereidigt. Nachmittag war dienstfrei, doch keiner hatte Lust, an Land zu gehen, da der Schmerz um unseren geliebten Kaiser Friedrich alle bewältigt hatte. Ich bitte Euch recht herzlich, meine Lieben daheim, mir alle Zeitungen über den jähen Tod und über die Begräbnisfeierlichkeiten Kaiser Friedrichs, den ich, wie Ihr wißt, ja stets fast abgöttisch verehrt habe, zu sammeln und mit der nächsten Post zu übersenden. Morgen verproviantieren wir uns für 3 Monate, da wir nicht wissen, wie lange unsere Expedition nach Jaluit dauern wird.

Meinen Geburtstag, am 8. Juli, werde ich diesmal wohl unter traurigen Verhältnissen verleben, denn es ist nicht ausgeschlossen, daß wir uns an diesem Tage gerade mit den Wilden herumschlagen.

XVII.

Jaluit (Marschalls-Inseln), den 22. Juli 1888.

In aller Eile wenige Zeilen, die Euch von meinem jetzigen Aufenthaltsort in Kenntnis setzen sollen. Soeben erfahre ich nämlich, daß von hier, wo alle Jubeljahr nur eine Post hinkommt und abgeht, eine solche in einigen Tagen abgesandt werden soll. Da wir nun morgen wieder in See gehen, müssen die Briefe heute abgeschlossen werden. Ihr müßt Euch heute schon mit einem kurzen Lebenszeichen begnügen, denn es fehlt mir die Zeit, alles Erlebte heute ausführlich zu berichten. Eure letzten Nachrichten erhielt ich im Mai. Die nächste Post, worauf ich schon sehnsüchtig warte, erhalten wir wohl erst im Oktober, wenn wir nach Apia zurückgekehrt sein werden. Zweck unserer Reise ist, die Eingeborenen zur Raison zu bringen und auf Pleasant-Island die deutsche Flagge zu hissen, was wohl ohne Kampf kaum abgehen wird. Ausführlichen Bericht hierüber bei nächster Gelegenheit. Der hiesige Konsul hat uns zur Hülfe erbeten, da er allein nicht mehr fertig werden kann. Ich habe vom Tage unserer Ankunft in Jaluit, vom 17. Juli an, im Konsulatsgebäude an Land gearbeitet. Morgens um 8 Uhr fuhr ich von Bord bis 12 Uhr mittags. Nachmittags arbeitete ich von 2–6 Uhr. Zigarren, Bier und Kaffee wurden mir stets verabreicht, und ich habe Gelegenheit gehabt, während dieser Zeit interessante Neuigkeiten über hiesige Verhältnisse zu sammeln, welche ich Euch ebenfalls später berichten werde. Meine Raritätensammlung habe ich um viele interessante Stücke vermehrt, die ich von den hiesigen Eingeborenen eingetauscht habe. Seit 8 Tagen ist hier deutsches Geld eingeführt worden, und bekamen wir seit unserer Abreise von Kiel heute zum ersten Mal unsere Löhnung in deutscher Landesmünze ausgezahlt.

Heute Vormittag war der König Kabua von Jaluit an Bord, von dessen originellem Besuch ich später erzählen werde. – Die Gegend hier ist ziemlich öde und nicht hübsch im Verhältnis zu den Plätzen, die wir bis jetzt besucht haben.

Doch nun Schluß, da ich gleich mit der Gig an Land muß. Meine nächsten Briefe sollen Euch viel Neues und gewiß Interessantes bringen.

XVIII.

Jaluit, den 10. August 1888.

Wieder ist mir Gelegenheit geboten, ein Lebenszeichen nach der Heimat abzusenden. Wenn auch die Beförderung etwas unsicher ist und lange dauert, so macht es mir doch immer eine Freude, an Euch, meine Lieben in der Heimat, zu schreiben. Die dänische Bark EMBLA aus Fano, welche morgen von hier nach den Karolinen geht und von da nach St. Francisco segelt, hat sich erboten, unsere Post mitzunehmen. – Der EBER hat von hier aus schon 2 Touren gemacht, zuerst nach den Inseln der Millegruppe, um einen an einem dortigen Amerikaner verübten Mord zu ahnden. Acht Gefangene brachten wir von dort nach Jaluit. Die zweite Expedition führte uns nach den Namerik- oder Baring-Inseln, ferner nach den Ebon Boston- oder Cowell-Inseln, um dort 2 Missionare zu bestrafen, die eine Geschlechts-Krankheit über die ganze Insel verbreitet hatten. Morgen gehen wir auf 3–4 Wochen nach den Ailén lap elap- oder Elmor-Inseln, Namo-Inseln, Lip-Inseln, Lae- oder Margareta-Inseln und nach Pleasant-Island, um Bekanntmachungen über Steuererhebungen zu verbreiten. Auf Pleasant-Island sollen wir die deutsche Flagge hissen. Die bisherigen Expeditionen waren höchst interessant, und haben mir die Landungsmanöver und Biwaks über Nacht an Land viel Vergnügen gemacht. Beklagenswert ist nur die große Hitze, die stets zwischen 35–38° Celsius bleibt, und bei der man selbst nachts in der Hängematte nicht schlafen kann. Seit Montag, an welchem Tage wir von unserer zweiten Tour wieder nach hier zurückgekehrt sind, arbeite ich wieder

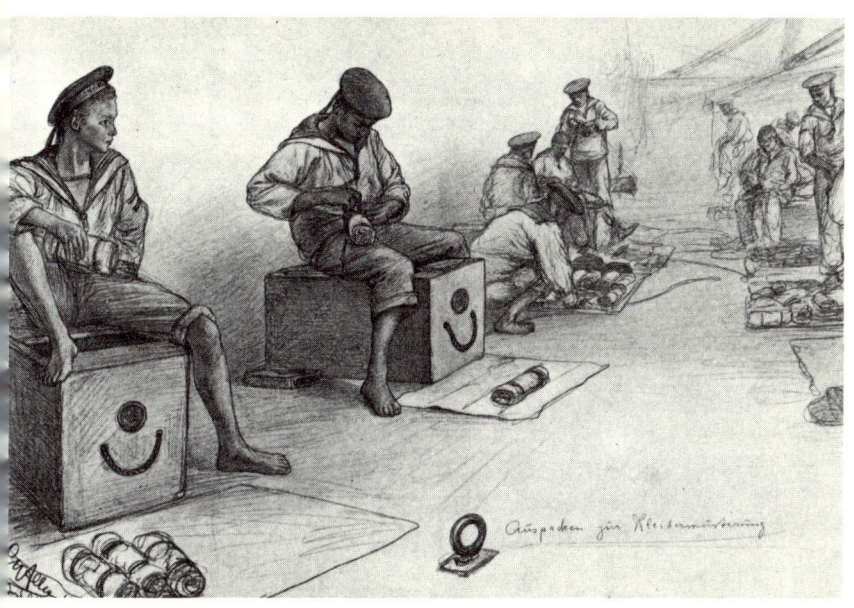

Auspacken zur Kleidermusterung

beim Konsul. Ich für meine Person befinde mich wohl und bin guter Dinge, was ich auch von Euch allen daheim hoffe. Uebrigens sollt Ihr nächstens, wenn die Postverbindung eine sichere ist, einen ganz ausführlichen Bericht haben über unsere große Expedition von Apia nach Jaluit.

XIX.

Jaluit, den 9. September 1888.

Reise S. M. Kbt. EBER *von Apia nach Jaluit und zurück, vom 28. Juni bis 22. November 1888.*

Trotzdem der Abgang dieser Zeilen von hier noch in unabsehbare Ferne gerückt ist, denn es können Wochen, ja sogar Monate vergehen, bevor wieder Postverbindung nach der Heimat ist, so will ich doch den heutigen freien Sonntag nicht unbenutzt vorübergehen lassen und Euch daheim meine Erlebnisse in der letzten Zeit etwas genauer als in meinen letzten beiden Briefen aufzeichnen. Ich kann mit Recht das Wort Erlebnisse hervorheben, denn alles, was seit unserer Abreise von Apia passiert ist, und worüber Ihr noch keine ausführlichen Nachrichten besitzt, wird mir stets unvergeßlich bleiben. – Es war am 28. Juni, nachmittags 4 Uhr, als wir Apia verließen. S. M. S. ADLER und das amerikanische Kriegsschiff ADAMS sandten uns noch, als wir an ihnen vorbeipassierten, verschiedene Hurrahs und Wünsche für eine glückliche Reise nach, und erwartungsvoll segelten wir den Marschalls-Inseln zu, neugierig der Dinge, die uns dort erwarteten. Da unsere Maschine repariert wurde, waren wir gezwungen, zu segeln, was uns in den ersten Tagen, da guter Wind wehte, ein gutes Stück Weges vorwärts brachte. Bald jedoch war es mit dem guten Winde vorbei, und wir liefen den Tag über nur noch 3-4 Mille (1 deutsche Meile). Die freie Zeit, welche uns zur Verfügung stand, nutzten wir aus mit dem Fangen von Haifischen, welche in unzähligen Scharen unser Schiff umkreisten. An einem Sonntag-Morgen fingen wir mittelst Haiangel nicht weniger wie 4 Stück im Zeitraum von einer Stunde. Nachdem die Ungeheuer dann mit einem Revolver totgeschossen, und ihnen das Gebiß ausgeschnitten war, warfen wir sie wieder über Bord, uns daran ergötzend, wie sie von ihren hungrigen Genossen sofort gierig verspeist wurden. So verlief ein Tag wie der andere. Das Wetter war durchschnittlich günstig bis auf einige heftige Regenböen, bei welchen immer scharf aufgepaßt werden muß, da solche infolge des Windes, den dieselben nach sich ziehen, sehr gefährlich werden können. –

So nahte sich für mich auch der Tag meines Wiegenfestes heran. Wir waren noch zwei Tagereisen von der Linie (Aequator) entfernt. Schon nachts um 12 Uhr, als mein Geburtstag eben begonnen, wurde ich von meinen Kameraden, mit denen ich auf Wache war, beglückwünscht. Es war ein schöner Tag, und da es gerade Sonntag war und ich dienstfrei, so hatte ich genügend Zeit, im Geist auf meine früheren Geburtstage zurückzublicken. Wohl selten oder nie ist mir der Tag so langweilig und eintönig verlaufen wie dieser auf dem Meer, fern der lieben Heimat. Oft dachte ich, könntest du nur jetzt im teuren Elternhause sitzen, so hättest du doch wenigstens heute deinen Geburtstagskuchen und wohl sonst noch etwas mehr. Gegen Abend ging ich zu unserem Ober-Maschinisten Herrn Teuber, einem Freund meines Bruders Otto, welcher mir sehr gewogen ist, und bat ihn, ob er mir nicht eine Flasche Wein aus der Deckoffiziersmesse ablassen wollte. Ich sagte ihm, daß heute mein Geburtstag wäre, und ich denselben so fern von der Heimat nicht ganz ungefeiert vorübergehen lassen möchte. Gern willfahrte er meinem Wunsche, und muß auch wohl den anderen Deckoffizieren davon erzählt haben, denn gleich darauf kam der Steward mit 3 Flaschen Wein zu mir und sagte mir, daß mir die Herren Teuber, Maschinisten Schoodt und Hoenemann mit besten Wünschen dieselben zum Geburtstagsgeschenk verehrten. Ich war hocherfreut darüber und konnte nun doch wenigstens mit meinen Freunden am Abend meines Festtages ein Glas Wein zusammen trinken. – Am 10. Juli passierten wir in der Nähe der Gilbert-Inseln den Aequator, und am 17. Juli, morgens 8 Uhr, trafen wir hier in Jaluit auf den Marschalls-Inseln ein. Kaum nachdem wir eine Stunde geankert, fuhr unser Kommandant Lieutenant zur See Emsmann an Land, und mußte ich denselben begleiten, um die Post für Jaluit, welche wir aus Apia mitgebracht hatten, mit an Land zu nehmen.

Jaluit selbst ist nur ein dürftiges Inselchen. Die Bevölkerung an Eingeborenen ist nur ca. 1000 Menschen stark. Auf der Insel befindet sich das Geschäft der Jaluit-Gesellschaft, deren Sitz in Hamburg ist, und die einen Zweig der großen Handels- und Plantagen-Gesellschaft der Südsee bildet. Der Vorstand der Gesellschaft ist ein gewisser Herr Größer, welcher mit einer Berlinerin verheiratet ist, welche wohl die einzige weiße Frau im Umkreise von Hunderten von Meilen. Außerdem sind von Deutschen hier nur noch die übrigen Herren der Gesellschaft, der Kommissar (Konsul), dessen Sekretär, der Lotse und ein deutscher Gastwirt. Ferner befindet sich auf der Insel eine amerikanische Faktorei.

An Bord zurückgekehrt, sagte mir unser Kommandant, daß ich mich am Nachmittag beim Herrn Kommissar an Land melden sollte, um diesem bei seinen Arbeiten behülflich zu sein. Ich arbeitete nun täglich von morgens 8 bis mittags 1/2 12 Uhr, dann von 1/2 3–4 oder 6 Uhr beim Konsul und fuhr abends 7

Uhr regelmäßig zum EBER zurück. Wie ich schon früher erwähnte, bekam ich vormittags stets meine Flasche Bier (welche hier 2 Mark kostet), nachmittags meinen Kaffee und wieder eine Flasche Bier. Dabei konnte ich Zigarren, welche stets auf meinem Arbeitstisch standen, rauchen, soviel ich wollte. Die Arbeit war sehr angenehm und für mich sehr interessant, da sie in Anfertigung von Abschriften in englischer und deutscher Sprache bestand und Verträge mit Eingeborenen, Steuern, Strafen und Bekanntmachungen umfaßte, die vom Auswärtigen Amt verfügt waren. Ich lasse einige Einzelheiten folgen:

1) Einführung der deutschen Reichswährung. Hierin werden die Eingeborenen mit unserem deutschen Gelde, dessen Wert und Benennung bekannt gemacht.

2) Gewerbesteuern. Jede Firma, die ein Geschäft im Schutzgebiet der Marshalls-Inseln hat und ein Jahreseinkommen von 500 000 M. bezieht, muß jährlich 3000 M. Steuern zahlen, Geschäfte mit weniger als 500 000 M. Einkommen 1000 M. u.s.w. Jeder Gastwirt zahlt jährlich 800 M. Jeder herumziehende Händler für die einzelnen Inseln, die er besucht, je nach ihrer Einwohnerzahl 40–200 M. jährlich u.s.w.

3) Persönliche Steuern. Jede Insel zahlt je nach ihrer Einwohnerzahl eine bestimmte Summe, welche von den Häuptlingen eingezogen und vierteljährlich abgeliefert wird (folgen nun die Namen sämtlicher Inseln im Schutzgebiet und die Höhe der Steuersumme, welche jede einzelne beizubringen hat).

Jeder männliche Bewohner des Schutzgebietes über 20 Jahr, welcher nicht als Eingeborener zu betrachten ist, hat jährlich 20 M. Steuern zu entrichten.

4) Bestimmungen über Verbot von Perlenfischerei und Ausbeutung der Guanolager von Unbefugten u.s.w., u.s.w.

Nachdem wir 8 Tage in Jaluit gelegen, sollten wir unsere erste Aufgabe hier lösen. – In der Nacht vom 8. zum 9. Februar dieses Jahres wurde auf der Insel Ennea in Mille Atoll der Amerikaner Tom Kelly, Inhaber eines Geschäftes der Firma Hernsheim & Cie., von den Eingeborenen beraubt und ermordet. Wir sollten nun die Thäter suchen, verhaften und bestrafen. Zu diesem Zwecke verließen wir Jaluit, nachdem sich der Kommissar als Vertreter des Kaisers hierselbst bei uns eingeschifft hatte, und

Garten der Firma Hernsheim in Dichalut. Aus: Roskoschny (1886)

dampften nach der Mille Gruppe. (Die Marschalls-Inseln bestehen aus verschiedenen kleinen Inselgruppen, die von Korallen
gebildet und kreisförmig sind.)

Apaiang (Gilberts-Inseln), den 16. September 1888.
Heute erst komme ich dazu, in meinem Berichte fortzufahren.
Am 27. Juli morgens kamen wir auf einer zur Mille Gruppe ge-
hörigen Insel an und nahmen den dort wohnhaften Amerikaner,
namens James Wilson, welcher unter deutschem Schutze steht,
an Bord. Derselbe kannte den Ermordeten, wußte von dem ganzen Hergang der Sache und sollte gleichzeitig als Führer und
Dolmetscher fungieren. Auf der Hauptinsel Mille machten wir
10 Gefangene, größtenteils Häuptlinge, welche wir mit uns nahmen, da sie verdächtig waren, am Morde und Diebstahl teilge-
nommen zu haben oder doch darum zu wissen. Der Haupttä-
ter sollte ein gewisser Eingeborener mit Namen Namurik gewesen sein, und es handelte sich nun darum, denselben zu suchen.
Wir landeten verschiedene Male, aber immer resultatlos, denn

Faktoreien von Hernsheim und der Deutschen Plantagen-Gesellschaft in der Tomil-Bai auf Nap. Aus: Roskoschny (1886)

derselbe war von einer Insel zur anderen geflohen und sollte sich jetzt auf den Knox-Inseln befinden. Wir beschlossen sofort, dort zu landen. Das Schiff blieb unter Dampf, und wir landeten nachmittags 2 Uhr. Da sich aber vor der Insel unzählige Korallenbänke befanden, stiegen wir aus den Booten und schoben dieselben über die Riffe, immer bis zum Hals im Wasser watend. Endlich um 5 Uhr hatten wir die Boote aufs Trockene gebracht und gingen mit aufgepflanztem Seitengewehr in Schützenlinien vor, da sich Namurik geäußert haben sollte, er würde den ersten Fremden, welcher die Insel zu betreten wagte, niederschießen. Wir gingen jedoch unbehelligt vor und stießen bald auf Hütten, die wir umzingelten. In einer derselben befand sich Namurik, welcher sofort Fußeisen angelegt bekam und unter Aufsicht zweier Posten gestellt wurde. Zum Zurückkehren an Bord war es zu spät geworden, und es wurde beschlossen, über Nacht zu biwakieren. Da trockenes Holz genug vorhanden war, brannten bald 4 große Feuer. Enten und Hühner, die wir uns aufgriffen, waren bald zurechtgemacht, gekocht oder gebraten und schmeckten in Gemeinschaft mit Thee, den wir uns bereiteten, ganz vortrefflich. Die Eingeborenen brachten uns Kokosnüsse und andere Früchte in Menge, und so verlief die Nacht auf das angenehmste, da unser Zeug durch die stets unterhaltenen Feuer bald trocken geworden war. Erst sehr spät befestigten wir unsere Hängematten, welche jeder mitgenommen, um noch ein wenig zu ruhen. Morgens um 6 Uhr traten wir den Rückzug an, gefolgt von unzähligen Kanoes mit Eingeborenen, welche den Gefangenen noch einmal sehen wollten.

Um 11 Uhr vormittags waren wir an Bord zurück. Wir dampften sofort ab und landeten nachmittags in Lukano, einer Insel unweit des Thatortes. Auch hier machten wir einige Gefangene. Gleich darauf begaben wir uns nach der Insel Ennea, dem Thatorte selbst, um an Ort und Stelle von den Gefangenen ein Geständnis zu erzwingen, was uns jedoch nicht gelang. Am andern Vormittag dampften wir nach einer anderen Insel (Namen habe vergessen), um dort Gericht abzuhalten. Kurz bevor wir landeten, wollte sich ein Boot von der Insel entfernen; durch einen abgefeuerten scharfen Kanonenschuß aber, dessen Geschoß kurz vor dem Bug des Bootes einschlug, stoppte dasselbe,

Tropenuniform der Matrosen

und die Insassen kamen ängstlich an Bord. Es waren 4 Eingeborene, die bei dem Morde Tom Kellys beteiligt waren. Um 8 Uhr morgens landeten wir. Vor dem Hause des dortigen Händlers, des Amerikaners Forster, wurde ein Zeltdach aus unseren Bootsegeln hergestellt, unter dasselbe ein Tisch gebracht, an dem der Kommissar und unsere Offiziere Platz nahmen. Die Gefangenen standen an einer Seite und wir bildeten mit aufgepflanztem Seitengewehr einen Kreis um den Gerichtsplatz. Die übrigen Eingeborenen, welche sich als Zuschauer eingefunden hatten, umlagerten zu Hunderten den ganzen Platz. Der Thatbericht ist in kurzem folgender:

Der Amerikaner Tom Kelly auf Ennea war in der Nacht vom 8. zum 9. Februar d. J. von Eingeborenen überfallen und getötet worden. Seine Gehöfte wurden, nachdem sie beraubt und geplündert worden, in Brand gesteckt, der Leichnam des Besitzers ins Wasser geworfen. Der Eingeborene Namurik sollte den noch nicht toten, nur schwer verwundeten Tom Kelly aus dem Wasser gezogen, ihn aber, nachdem er nichts Wertvolles mehr bei ihm gefunden, da er nur dürftig bekleidet, ganz getötet und wieder ins Wasser geworfen haben. Seitdem war die Leiche verschwunden. — Bei der ganzen Verhandlung konnten wir in betreff der näheren Einzelheiten des Mordes nichts Bestimmtes herausbekommen und keinen Beweis erlangen, weswegen die Gefangenen des Mordes freigesprochen, wohl aber des Diebstahls wegen bestraft wurden. Es war erwiesen, daß der eine Häuptling das ganze gestohlene Geld, welches aus Münzsorten aller Länder bestand, noch verwahrte, teilweise aber schon im Feuer zerschmolzen hatte. Dasselbe wurde zur Stelle geschafft. Das verkündete Urteil lautete ungefähr: Der Häuptling wird zu 300 Dollar Geldstrafe verurteilt, weil er von fremdem Gelde genommen, die beiden Eingeborenen N. und NN. machen je 2 Jahre, die anderen, unter ihnen Namurik, je 1 Jahr Zwangsarbeit in Jaluit. — Wir nahmen die Gefangenen sofort mit an Bord des EBER, doch gab es zuvor, bevor unsere Boote von Land abstießen, noch herzergreifende Scenen. Alle Verwandten und Angehörigen der Gefangenen hatten sich eingefunden, um Abschied von denselben zu nehmen. Einige sogar kamen abends noch an Bord unseres Schiffes und konnten sich von den Ihren kaum trennen. — Am andern Morgen gingen wir wieder nach Mille, wo wir die freigesprochenen Gefangenen absetzten, und da dies die Hauptinsel und Sitz des größten Königs Langenaik ist, das Urteil bekannt zu machen, was durch unseren Lotsen geschah, der die Landessprache vollständig beherrschte und uns infolgedessen als Dolmetscher dienen konnte. — Unsere erste Aufgabe war nun hiermit beendet, und wir dampften nach Jaluit zurück, wo wir am nächsten Tage anlangten.

Der Kieler Kriegshafen. Mit (v.l.) Küstenpanzer Siegfried *(1889), Küstenpanzer* Beowulf *(1890) und Panzerfregatte* Kaiser *(1874) (Archiv DSM)*

Der Fels von Gibraltar. Zeitgenössische Aufnahme (Archiv DSM)

Besatzungsmitglieder S.M.S. Eber. Fotografie (Sammlung Beer)

Admiral Eduard von Knorr (1840-1920) war von 1884 bis 1887 Chef des Kreuzergeschwaders. Postkarte (Sammlung Beer)

M. S. Eber, Kanonenboot

Das Kanonenboot EBER *(1887). Postkarte (Sammlung Beer)*

Das 1883 auf der Kaiserlichen Werft Kiel gebaute, 1040 BRT-Kanonenboot
ADLER, *das für 133 Mann Besatzung ausgelegt war (Sammlung Beer)*

M. S. Adler, Kanonenboot

Die 1880 auf der Vulcan-Werft Stettin gebaute 2424 BRT-Kreuzerkorvette Olga. *Postkarte (Sammlung Beer)*

Am Strand von Apia (Archiv DSM)

Das deutsche Konsulatsgebäude in Apia (Archiv DSM)

Das im Kolonialstil erbaute Hotel Tivoli (Archiv DSM)

Das deutsche Hospital (Archiv DSM)

Samoaner bauen eine Hütte (Archiv DSM)

Der Anleger von Jaluit (Sammlung Beer)

Arbeiterhäuser der deutschen Plantage Vailele auf Samoa (Aus B. v. Werner: Ein deutsches Kriegsschiff in der Südsee. Leipzig 1889)

In Parkanlagen und zoologischen Gärten präsentierte man einem staunenden Publikum die Menschen vom anderen Teil der Welt. Postkarte anläßlich einer Schaustellung (Sammlung Beer)

Samoanische Prinzessin im Festschmuck (Sammlung Beer)

Straße in Jaluit (Archiv DSM)

Mataafa mit seiner Nichte und anderen Häuptlingen in Jaluit (Archiv DSM)

Mataafa (Archiv DSM)   *Die Nichte Mataafas (Archiv DSM)*

Deutsche Schiffsbesatzung bei einem Ausflug in Apia (Archiv DSM)

Picknick auf Samoa (Sammlung Beer)

TRENTON *wird im Sturm auf* VANDALIA *getrieben (Archiv DSM)*

S.M.S. EBER *wird von der gewaltigen Brandung auf das Korallenriff gewuchtet. Zeichnung von I.Q. Davidson und R.C. Collins (Archiv DSM)*

Samoaner kämpfen um die Rettung der Schiffbrüchigen. Zwei Helfer kommen dabei ums Leben (Archiv DSM)

Der an den Strand getriebene Bug der EBER*, rechts davon* TRENTON *und im Hintergrund die gestrandete* ADLER *(Archiv DSM)*

S. M. S. »Adler«.

Heck der gestrandeten ADLER. *Postkarte (Sammlung Beer)*

S.M.S. ADLER *auf dem Riff vor Apia (Archiv DSM)*

Das Wrack S.M.S. ADLER vor der Küste von Apia (Archiv DSM)

Die Reede von Apia (Archiv DSM)

*Kirche in Apia
(Archiv DSM)*

*Denkmal für die gefallenen deutschen Marineangehörigen im Gefecht von Vailele
(Archiv DSM)*

Unsere zweite Aufgabe war es, Ausschreitungen der Missionare auf der Insel Ebon Einhalt zu gebieten, welche, wie ich schon mitgeteilt, eine Geschlechtskrankheit über die Insel verbreitet. Zu diesem Zweck verließen wir Jaluit und trafen nach eintägiger Fahrt in Ebon ein. Nach zweitägigem Verweilen dort dampften wir nach den Namerik- oder Baring-Inseln, wo einige Eingeborene wegen Diebstahls zu bestrafen waren. Dieselben wurden als Gefangene mit an Bord genommen, um sie ins Gefängnis nach Jaluit zu bringen. Von Ebon hatten wir noch einen amerikanischen Händler und seine beiden Frauen (Eingeborene) als Passagiere mitgenommen, um ihn nach der Providence-Insel zu bringen, wo derselbe eine deutsche Faktorei übernehmen wollte, deren Besitzer nach Deutschland zurückzukehren beschlossen.

Nach Jaluit zurückgekehrt, blieben wir einige Tage dort und dampften dann ab, um unsere dritte Aufgabe zu lösen, die darin bestand, sämtliche Inseln der Ralikkette, die zu den Marschalls-Inseln gehört, zu besuchen und dort die neuen, von Bismarck erlassenen Bekanntmachungen und Verordnungen zur Kenntnis der Inselbewohner zu bringen. Wir gingen zuerst nach Ailin lap elap, dann nach Namo, Lae Kwojelen oder Menzikoffinseln u.s.w., dann nach Ujilong oder den Providence-Inseln. Mittags, gerade als wir in die Lagune einlaufen wollten, saßen wir auf einem Korallenriff fest. Heftige Stöße erschütterten den EBER, der aber bald wieder flott war. Unser Taucher, welcher gleich nach dem Ankern hinunterging, hatte 5 Tage zu thun, um den Schaden zu reparieren, da mehrere Kupferplatten zertrümmert, und der Kiel beschädigt war. Nach diesem 5tägigen unfreiwilligen Aufenthalt gingen wir nach den Eniwetok oder Brown-Inseln, wo wir auf der Insel Paria landeten. Wir waren noch weit vom Lande entfernt, als wir die Eingeborenen in ihren Segelkanoes fliehen sahen. Der EBER hatte sie aber bald eingeholt, und nun erfuhren wir, daß sie die Angst in die Flucht getrieben, da einmal ein englisches Schiff hier gewesen sei, das einen der Ihren ohne weiteres mitgenommen hätte.

Die Furchtsamen waren aber bald beruhigt, denn wir beschenkten sie mit allen möglichen Sachen und freuten uns über ihre Verwunderung und ihr Erstaunen, denn Dinge wie Kamm, Spiegel, Zeug u.s.w. waren ihnen noch nie zu Gesicht gekommen.

Insel Arno, Sonntag, den 14. Oktober 1888.

Heute erst setze ich meinen Bericht fort. — Auf dem Paria Island vertrieben wir uns die Zeit, so gut wie es eben ging. Unzählige Fregattvögel haben hier ihre Nester in den Bäumen, oft hundert in einem Baum. Oftmals bin ich hinaufgeklettert und habe aus den Nestern die Eier weggenommen, die, etwas größer als Taubeneier, ganz vortrefflich schmecken. — Wie wir es bei jeder Landung zu thun pflegen, hatten wir der Sicherheit wegen unsere Gewehre mit an Land genommen, die wir aber nicht gebrauchten, da die Eingeborenen überaus friedlicher Natur waren. Um ihnen aber einen Begriff von der Wirkung unserer Waffe zu verschaffen, stellten wir schnell eine Scheibe her, auf die wir verschiedene Schüsse abgaben. Das Erstaunen der Insulaner war groß, als sie die Resultate sahen, und ihr verwundertes Kopfschütteln lieferte uns den Beweis, daß wir ihnen Respekt eingeflößt hatten.

Nach kurzem Aufenthalt setzten wir unsere Reise fort und kamen in 4 Tagen nach der Insel Kusaie auf den Karolinen. Die Karolinen sind zwar spanisch, es befindet sich auf ihnen aber der Sitz der Missionare, welche auch auf den Marschalls-Inseln thätig sind, und da der bei uns an Bord befindliche Kommissar mit dem Obermissionar dienstlich zu thun hatte, welcher letztere gerade an Bord des Missionsdampfers MORNING STAR in Kusaie war, so liefen wir genannte Insel an. Hohe Berge bedecken dieselbe; und zahlreiche Flüsse durchschneiden sie nach allen Richtungen hin. Palmen, Bananen, Apfelsinen und Ananas blühen und gedeihen auch hier in kolossaler Menge, und der von mir auf dieser Insel zugebrachte Tag wird mir stets in Erinnerung bleiben. Sehenswert ist eine von den Eingeborenen inmitten der Insel aufgeführte Festung aus riesig großen Steinen. Dieselbe ist ziemlich groß und gewährt einen recht imposanten Anblick, jedoch habe ich über den Ursprung und Zweck dieser Burg nichts Näheres erfahren können. Wenn ich nicht irre, ist in der Weidmannschen Buchhandlung zu Berlin ein reich illustriertes Werk über die Inseln der Südsee erschienen, von dem ehemaligen Konsul von Jaluit, Herrn Hernsheim, herausgegeben. Ich habe das Werk hier an Bord bei unseren Offizieren gesehen und rate Euch, dasselbe anzuschaffen, es wird Euch, meine Lieben, meinen Reisebericht am besten ergänzen.

Nachdem unser Kommissar seine dienstlichen Angelegenheiten erledigt, dampften wir nach Jaluit zurück, wo wir 8 Tage wiederum verweilten und mit unseren Schiffsgeschützen Schießübungen abhielten, die vortreffliche Resultate lieferten.

Jetzt rüsteten wir uns zu unserer interessantesten Tour. Wie ich, wenn ich nicht irre, schon früher erwähnt, hat die Firma Hernsheim & Co. auf fast allen Inseln der Südsee Stationen, welche teils von deutschen, teils von amerikanischen oder englischen Händlern verwaltet werden. So auch auf den Gilberts- oder Kingsmill-Inseln. Dieselben liegen gerade unter dem Aequator und gehören bis jetzt noch zu keinem Reiche, sondern werden von eigenen Königen regiert, wenn man so sagen darf.

Geschützexerzieren

Die Könige der verschiedenen Inseln Tarawa, Apaiang, Maiana u.s.w. haben unter sich oft Streitigkeiten, welche zu den erbittertsten Kriegen ausarten. Natürlich bleibt bei solcher Kriegsführung die Arbeit liegen, die Lebensmittel gehen aus, und die Eingeborenen berauben und überfallen die Stationen, ja, sie vergreifen sich auch thatsächlich an den Weißen, so daß diese ihre Stationen verlassen müssen.

So war es gerade jetzt der Fall. Einem Chinesen hatten sie das Ohr, einem Händler, namens Johnson, den Daumen der rechten Hand abgebissen. Da alle Eingeborenen der Gilberts-Inseln im Besitz von Schießwaffen sind, die sie von Schiffen gekauft haben, so wird ein Krieg mit ihnen oft bösartig, wenn auch wenig gute Schützen unter ihnen sind.

Die Weißen nun, sowie die Firma Hernsheim & Co. hatten beim Auswärtigen Amt um Hülfe nachgesucht, und daher hatten wir den Befehl erhalten, uns unverzüglich nach den Gilberts-Inseln zu begeben, die Schuldigen zu bestrafen und die Häuptlinge zur Zahlung von Strafe zu zwingen.

Wir brachen deshalb Anfang September nach dorthin auf und kamen zuerst nach Bu-Taritari, welche Insel allein liegt, zwar zu den Gilberts-Inseln gehört, aber von friedlichen Bewohnern bevölkert ist.

Infolge dessen haben sich hier große Faktoreien entwickelt, die einen ganz bedeutenden Handel treiben. Auch wir ergänzten hier unseren erschöpften Proviant und brachen dann sofort wieder auf.

Da wir nun in Ungewißheit waren, ob uns die bewaffneten Eingeborenen der Gilberts-Inseln feindlich entgegentreten würden, so wurde am 16. September von unserem Kommandanten das Schiff in Kriegszustand erklärt, indem er uns unter präsentiertem Gewehr und Horn und Trommelklang dies bekannt machte. — Am nächsten Morgen trafen wir in Apaiang ein. Auf dieser Insel waren einige Einwohner zu bestrafen, welche den Händler Meier thätlich angegriffen und dessen Haus demoliert und geplündert hatten. Wir fanden bald die Schuldigen. Dieselben wurden bis zum nächsten Tage, an welchem an Land Gericht abgehalten werden sollte, mit an Bord genommen. Außerdem wurde ein Häuptling gefangen und damit bestraft, daß er von der Insel verbannt wurde. Derselbe hatte die Eingeborenen stets zum Kriege angestachelt. Wir haben ihn später auf der Insel Kili ausgesetzt.

Bei dem am anderen Tage abgehaltenen Gericht wurden die beiden Hauptschuldigen zu je 50 und 25 Hieben verurteilt, dem dritten wurde sein Wohnhaus abgebrannt. Die beiden ersteren wurden vollständig nackt an einen Pfahl gebunden, mit den Händen nach oben und so, daß die Füße den Erdboden nicht berührten. Darauf wurden sämtliche Eingeborenen herbeigeholt, um Zeugen der Strafvollstreckung zu sein. Unter unsererseits präsentiertem Gewehr wurde das Urteil bekannt gemacht. Nachdem wir die Gewehre zusammengesetzt hatten, trat ein jeder von uns vor (wir waren 40 Mann) und versetzte mit einem von Bord mitgenommenen kurzen Tauende nacheinander den Verurteilten einen Schlag. Zuerst blieben dieselben ziemlich ruhig, jedoch schon beim 20. Schlage stießen sie Klagerufe aus, die immer lauter und jämmerlicher wurden, als Blut zu fließen anfing. Nach Vollstreckung der Strafe wurden die Delinquenten weggeführt und ihren Angehörigen überlassen, die sie sofort pflegten und auf alle mögliche Art und Weise Linderung der Schmerzen zu verschaffen suchten. So hart diese Strafe des Prügelns auch ist, so macht sie doch auf die Eingeborenen den wirksamsten Eindruck und sichert die Weißen vor weiterer Belästigungen. – Es wurde nun die Hütte des dritten Verurteilten in Brand gesteckt, und unsere Aufgabe auf dieser Insel war beendet. Wir gingen nun nach der zweiten Inselgruppe Tarawa, welche aus verschiedenen großen und kleinen Inseln besteht, nahmen verschiedene Weiße an Bord, denen Schaden zugefügt worden war, und landeten auf der äußersten Insel, um hier Gericht zu halten. Aber weder hier noch auf 3 anderen Inseln, nach denen wir fuhren, war eine Seele zu sehen. Alle waren, wie wir in Erfahrung brachten, zum Kriege nach der Hauptinsel von Tarawa aufgebrochen. Hier fanden wir am nächsten Tage auch die ganze Gesellschaft beisammen. Wir durchstreiften die ganze Süd-Insel, welche von 3 Königen beherrscht wird. Diese lagen mit den beiden Königen der Nord-Insel in Streit. Erstere hatten sich gerade mit ihrem ganzen Volke auf einem großen Platz versammelt, als wir eintrafen. Ein jeder hatte Gewehre und Munition bei sich. Wir umstellten den ganzen Platz, suchten die Schuldigen heraus und ließen sämtliche Gewehre und sonstigen Waffen abliefern; dann durchsuchten wir die Hütten. Wir bekamen ca. 500 Gewehre aller Systeme zusammen, Jagdgewehre, Zündnadel, Winchester, Magazingewehre, Snidergewehre, Vorderlader, Pistolen, Revolver, meist in sehr schlechtem Zustande. Wir nahmen nun die Gefangenen, die drei Könige und die abgelieferten Waffen mit an Bord. Am nächsten Tage konnten wir des schlechten Wetters und der hohen Brandung wegen nicht landen, aber am darauf folgenden Tage ging es wieder an Land zum Gericht. Die Könige wurden zu Geldstrafen verurteilt, bis zu deren Bezahlung, die das Volk aufzubringen hatte, sie mit nach Jaluit in Gewahrsam genommen wurden. Die anderen Schuldigen erhielten 45, 30 und 15 Hiebe. Diese Strafe wurde wie auf der vorigen Insel sofort vollstreckt, nachdem sich das ganze Volk versammelt hatte, und ihnen das Urteil bekannt gemacht war. Nach der Strafvollstreckung wurden mehrere Dörfer und Kanoes längs der ganzen Küste von uns niedergebrannt. Die großen Kriegsboote, welche nicht verbrannt werden konnten, wurden mit Beilen demoliert, um den Eingeborenen ein Entfernen von der Insel unmöglich zu machen und ihnen die Möglichkeit, den Krieg fortzusetzen, zu nehmen. Es wunderte uns, daß dieselben sich unser Eingreifen so ruhig gefallen ließen, ohne Feindseligkeit zu zeigen, auch bei unserem Zerstörungswerk sich vollständig neutral hielten. Die mißmutigen und teilweise ergrimmten Gesichter der Eingeborenen kümmerten uns wenig.

Dasselbe Manöver fand am nächsten Tage auf dem nördlichen Teil der Insel statt.

Um den Insulanern nun zu zeigen, daß wir unsere Macht auch von Bord unseres Schiffes aus ausüben könnten, wurde ihnen bekannt gemacht, daß sie, sobald wir uns eingeschifft hätten, sich alle rechts von dem soeben von uns verlassenen Platz aufhalten sollten, da wir auf das dort befindliche Dorf mehrere Granaten abfeuern würden. Kaum waren wir nun mit unseren Booten auf dem halben Wege zum Schiff (der EBER lag cr. 2000 M. von Land ab), so wurden von Bord aus vier Granaten abgefeuert, welche direkt ins Dorf einschlugen und dieses durch ihre

Kriegskanoe der Samoaner. Aus: Roskoschny (1886)

Sprengwirkung zerstörten und in Brand setzten. — Hoffentlich
haben alle diese Mittel genutzt, um fernere Ausschreitungen gegen die deutschen auf jenen Inseln lebenden Unterthanen zu
verhindern.

Tags darauf dampften wir nach Pleasant-Island (südlich vom
Aequator), wo wir nach 3 Tagereisen anlangten. Hier sollten wir
auf Befehl Sr. Majestät unseres Kaisers die deutsche Flagge hissen. Am Montag, den 1. Oktober, trafen wir dort ein, landeten
gleich mittags und blieben über Nacht an Land. Am Dienstag,
den 2. Oktober, früh 1/2 9 Uhr, wurde von uns unter präsentiertem Gewehr und unter begeisterten Hurrahrufen vor dem
Gebäude der deutschen Faktorei des Händlers Rasch die deutsche Kriegsflagge gehißt und somit die Insel unter deutschen
Schutz gestellt. Auch hier waren sämtliche Eingeborene mit Gewehren bewaffnet. Die Könige und Häuptlinge hatten wir am
Abend des ersten Tages in einen Schuppen der Faktorei einge-
sperrt, nachdem ihnen bekannt gemacht, daß sie so lange gefangen gehalten würden, bis sämtliche Schußwaffen abgeliefert
wären.

Nach und nach brachten nun die Eingeborenen die Waffen zusammen, so daß wir am dritten Tage, nachdem wir zwei Nächte auf der Insel zugebracht, mit der Anzahl von 700 Gewehren uns begnügten und die Könige in Freiheit setzten. Wir gingen nun wieder nach Jaluit zurück, wo wir am Sonntag, den 7. Oktober, mittags eintrafen. Am Dienstag wurden die konfiszierten Gewehre an Land unter uns und den in Jaluit lebenden Weißen versteigert, und erstand ich für 2 Mark ein schönes englisches Armee-Gewehr (Konstruktion Martini Henrichs), welches ich als Andenken mit nach Hause bringen werde. Am Donnerstag, den 11. Oktober, verließen wir wieder Jaluit, um unsere letzte Aufgabe auf den Marschalls-Inseln zu lösen und auf der Ratak-Inselgruppe die vom Auswärtigen Amt erlassenen Bekanntmachungen zu veröffentlichen. Heute, Sonntag, den 14. Oktober, wo ich diese Zeilen schreibe, mittags 12 Uhr, ankerten wir in Arno, um morgen weiter nach Medjoro und Aur zu gehen. Ich benutze den heutigen freien Nachmittag, um meinen am 9. September begonnenen Brief zu beenden. — Die mitgeteilten Erlebnisse werden Euch, meine Lieben daheim, sicher interessieren, und ich werde Euch weitere Vorkommnisse stets ausführlich nach der Heimat berichten. Am 1. November treffen wir wieder in Jaluit ein und gehen dann am 10. November, Gott sei Dank, nach dem schönen Apia zurück, auf welches wir uns schon alle von Herzen freuen, da wir ja dort Briefe aus der Heimat vorfinden werden, auch Nachrichten über den Tod unseres innig geliebten Kaisers Friedrich, worüber uns ja alles Nähere bis jetzt noch fehlt.

Zum Schluß meines Briefes sende ich der lieben Schwester Luise zum bevorstehenden Geburtstage meine herzlichsten Glückwünsche. Im nächsten Jahre werde ich wohl schon wieder daheim sein und persönlich den Tag mit ihr verleben können. Gleichzeitig sende ich auch dem lieben Vater und der teuren Großmutter meine Wünsche zu ihren Geburtstagen mit der Bitte zu Gott, daß er Euch Lieben alle beschützt und beschirmt, und wir ein recht fröhliches Wiedersehen feiern können.

Euch allen daheim aber möge ein fröhliches Weihnachtsfest beschert sein, welches auch ich so gern in der Heimat verleben möchte. Statt des grünen Tannenbaums daheim werden wir uns wohl eine Palme ausschmücken müssen, denn schwerlich werden wir wohl einen heimatlichen, deutschen Christbaum bekommen, weil noch gar nicht bestimmt ist, wo wir uns gerade befinden werden. Zum Christfest werden hoffentlich meine Zeilen in Euren Händen sein, obgleich wir vor unserer Rückkehr nach Apia wohl kaum eine Postverbindung nach der Heimat haben werden.

Heute ist wieder eine unerträgliche Hitze, so daß Ihr daheim uns gern einige Prozent von Eurem Herbstwetter abgeben könntet. Die wärmste Zeit jedoch steht uns noch in den Monaten Dezember und Januar bevor.

Südsee, den 13. November 1888,
(unweit der Insel Maiana auf der Gilbert Gruppe).
Endlich auf der Rückreise nach Apia begriffen. Mit beiden Kesseln voll Dampf haben wir 12 Mille (3 deutsche Meilen) Fahrt pro Stunde. Das Schiff stampft durch die schnelle Bewegung der Schraube so, daß schöne Krähenfüße in diesem Briefe vorkommen. Aber da ich heute einen freien Nachmittag habe, und gleich bei unserer Ankunft in Apia der Postdampfer nach San Francisco geht, so kann ich nicht umhin, meinen angefangenen Bericht zu vollenden, um ihn gleichzeitig mit den in Jaluit am 9. September cr. begonnenen Zeilen an Euch, Ihr Lieben in der Heimat, abzusenden. — Wir ankerten also am Sonntag, den 14. Oktober, in Arno mittags 12 Uhr. Am 15. Okt. gingen wir nach der Insel Ine in demselben Atoll und von da noch an demselben Vormittag nach der Hauptinsel Arno, wo wir nachmittags Anker warfen.

Ueberall war seit 10 Monaten kein Schiff gewesen, und infolgedessen die Lebensmittel bei den Eingeborenen ausgegangen, außer denen, die ihnen die Insel an Früchten bietet. Reis, Brot, Mehl u.s.w. fehlten gänzlich, und da es mit unserem Proviantvorrat auch nicht weit her war, konnten wir den Weißen nur geringe Quantitäten ablassen. — Am 16. Oktober, 3 Uhr nachmittags, legten wir bei der Insel Dudu an, von wo wir am 17. Oktober nach Majoro aufbrachen. 2 Uhr nachmittags dieses Tages ankerten wir bei der Insel Djelab und gingen am Nachmittag weiter nach der Insel Edjit. Am 19. Okt. um früh 6³⁸ gingen wir wieder Anker auf, um 2¹⁰ nachmittags bei einer Insel im westlichen Teil des Atolls festzumachen. Es handelte sich um folgende Sache.

Kapitän zur See Knorr war vor 2 Jahren mit S. M. S. BISMARCK hier gewesen, wo bei einem Landungsmanöver ein Matrose von dem Häuptling Kapituin Matu gefangen genommen wurde.

Man erzählte sich nun, derselbe habe den Matrosen umbringen wollen, und anderes mehr. Wir wollten nun hören, was an der ganzen Geschichte Wahres sei, erfuhren aber nur, daß besagter Häuptling den Matrosen nur in dem Busch überfallen, demselben aber sonst kein Haar gekrümmt hätte. –

Am 20. Oktober 3⁴⁵ gingen wir nach den Aur- oder Ibbetson-Inseln, wo wir am 21. mittags 12 Uhr eintrafen. Am folgenden Tage setzten wir unsere Reise nach den Molwonlap-Inseln fort, wo wir 11³⁶ mittags vor der Insel Forma ankerten, auf welcher der König Murigel herrscht. Am 23. Oktober morgens 5⁵⁰ ging es weiter nach den Mejy- oder Neujahr-Inseln, wo wir am 24. vormittags anlangten und dort bis Sonnenuntergang stoppten. Von hier gingen wir nach der Inselgruppe Wotje (Woja- oder Romanzoff-Inseln?), wo wir am 25. Oktober 11¹² mittags ankerten. Auf diesen Inseln sind im Jahre 1817, also vor 71 Jahren, Adalbert von Chamisso und Kotzebue mit dem russischen Schiff RURIK gewesen und haben hier uns bekannte Vermessungen gemacht. Auch wir haben genau dieselben Stellen wie damals nachgemessen und gefunden, daß während der 71 Jahre die Korallen nur 9 Fuß gewachsen sind. Dieses interessante Ergebnis unserer Messungen wurde von unserem Kommandanten sogleich der geographischen Gesellschaft und dem hydographischen Amt mitgeteilt, da man bisher noch nicht genau ermittelt hatte, um wieviel die Korallen in einer bestimmten Zeit wachsen.

Am 26. Oktober, morgens 6 Uhr, gingen wir nach den Likiep-Inseln weiter, wo wir um 3²⁵ desselben Tages ankerten. – Unser Lotse, ein Deutscher namens Recher, früher Kapitän eines Handelsschiffes, jetzt gleichzeitig Polizei und Hafenmeister in Jaluit, hatte sich vor 2 Jahren mit einer *half cast* (Halbblut)

verheiratet, deren Vater ein Amerikaner, die Mutter eine Eingeborene der Marschalls-Inseln war. Die Frau Recher wohnte jetzt
hier in Likiep auf der Farm ihres Mannes, der nach Jaluit gegangen war, um sich dort ein hübsches Häuschen zu bauen. Dasselbe war nun fertig geworden, und wir nahmen die Frau von hier
mit an Bord, um sie zu ihrem Manne zu bringen. Frau Recher
ist ein überaus liebenswürdiges, hübsches Weibchen von ziemlich heller Hautfarbe, die mit ihrem Manne stets englisch
spricht, da sie unserer deutschen Sprache nicht mächtig. Rechers
führen ein recht glückliches Familienleben und war der Emp-
fang der denkbar herzlichste, als wir am 30. Oktober nachmittags in Jaluit ankamen, und die beiden Leute sich wiedersahen.

Unsere Angelegenheiten in Jaluit waren nun geordnet, und
wir sahen mit Freuden dem Tage entgegen, an welchem nach
Apia aufzubrechen beschlossen war. Endlich, endlich nahte der
10. November. Ihr könnt Euch, meine Lieben daheim, wohl
denken, wie unserer ganzen Besatzung an diesem Tage zu Mute
war, und wie wir daran dachten, daß wir vor einem Jahre auch

Eine Deutsch-Samoanerin

am 10. November die Heimat verlassen unter den Hochrufen unserer Kameraden und den Klängen des schönen Liedes: »Muß i denn, muß i denn zum Städtele hinaus«. Auch in diesem Jahre trug der Tag feierliches Gepräge. Tags zuvor war an Bord und an Land großer Abschied nach 4monatlicher Anwesenheit gefeiert. – Morgens 8 Uhr hieß es: »Musik an Deck.« »Klar zum Ankerlichten.« Unter den Klängen eines lustigen Galopps flog diesmal der Anker, welcher vor 75 Meter Kette lag, nur so aus dem Grund herauf, während es sonst eine schwere Arbeit ist, wenn es heißt: »Ankerlichten.« Denn ein Vergnügen bereitet bei der großen Hitze diese Arbeit nicht. – Aber heute war es anders, und im Nu war die Arbeit geschehen. Galt es doch, nach den schönen Samoainseln zurückzugehen, wo uns Briefe aus der Heimat erwarteten. Die Herren von der Firma, der Kaiserliche Kommissar und der Lotse waren an Bord, um uns hinaus zu geleiten. Als das Schiff sich in Bewegung setzte, intonierte die Musik »Muß i denn, muß i denn etc.«, aber aus lauter Ironie, denn ich glaube kaum, daß einer übers Jahr, wie es im Liede heißt, nach hier zurückkehren möchte. – Als wir außerhalb der Lagune waren, gingen obengenannte Herren von Bord und brachten von ihrem Boot aus ein Hoch auf S. M. Kbt. Eber aus, welches wir ebenfalls herzlich erwiderten. – Um 10 Uhr vormittags hatten wir Jaluit aus Sicht, worüber wir froh waren, denn wenn wir auch viele interessante Stunden dort verlebt haben, die wohl mancher nie vergessen wird, so hat uns der Aufenthalt in den Marshalls-Inseln doch auch viel Arbeit und Entbehrungen gebracht, was allerdings bei der großen Hitze ja nicht anders möglich ist, und worin wir uns auch als deutsche Seeleute gern fügen, denn unsere schöne Aufgabe ist es ja, dem Ansehen unseres geliebten deutschen Vaterlandes auch über dem Ozean, am Ende der Welt, Achtung zu verschaffen.

Am 12. November gingen wir in Tarawa auf den Gilberts-Inseln vor Anker, um zu sehen, ob die Eingeborenen die ihnen auferlegte Strafe bezahlt haben. Wir fanden alles in der besten Ordnung und gingen heute morgen, wo ich diese Zeilen niederschreibe, 8 Uhr Anker auf nach Apia, wo wir am 1. Dezember einzutreffen gedenken.

Apia (Samoa-Inseln), den 22. November 1888.

Endlich, meine Lieben, wieder in Apia. Aber anstatt vergnügte Tage hier zu verleben, wie wir hofften, kommen wir vom Regen in die Traufe. Immer was die Kessel aushalten konnten, ging es mit Volldampf vorwärts. Am 16. November, morgens, stoppten wir bei der Insel Nanomea (Ellice-Inseln), derselben Insel, wo wir bei unserer ersten Reise nach Apia ebenfalls ein paar Stunden verweilt hatten, wenn ich nicht irre, war es damals am 16. April.

Gestern Nacht, 1 Uhr 15 Minuten, liefen wir bei voller Dunkelheit ohne Lotsen in den hiesigen Hafen ein, eine Leistung, die uns so leicht keiner nachmachen wird. S. M. S. Adler hatte schon lange unsere Rückkehr erwartet und schon an S. M. S. Olga Nachricht gesandt, uns zu suchen. Um so größer war das Erstaunen, als wir gestern Nacht auf besagte Weise hier einliefen. Heute Morgen kam unser neuer Kommandant, Herr Kapitän-Lieutenant Wallis, an Bord, von dessen Anwesenheit in Apia wir noch nichts wußten. Außerdem wurden uns gleich die hier herrschenden Neuigkeiten mitgeteilt, von denen das Nachfolgende mir bis jetzt zu Ohren gekommen. Die hiesigen Eingeborenen hatten sich kurz nach unserem Fortgange von hier gegen die deutsche Regierung und gegen den von derselben eingesetzten König Tamasese empört. Der neue Gegenkönig Mataafa schickte einen Brief an den Kommandanten vom Adler mit der Aufforderung daß, wenn er binnen 24 Stunden nicht die deutsche Flagge (Tamasese-Flagge) an Land wegnehmen würde, er die Hauptstadt Mulinum, den Sitz der Regierung, beschießen und alles niedermachen würde. Der Kommandant ließ ihm antworten »er möge es nur thun«. Tags darauf war der Krieg ausgebrochen. Da König Malietoa noch nicht vergessen, so fiel der größte Teil der Kanaker von Tamasese ab. S. M. S. Adler sandte 10 Granaten an Land, welche mehrere der Aufrührer tödteten, ging dann nach einigen Dörfern, brannte dieselben nieder und setzte eine Wache an Land aus. Sämtliche Einwohner von Apia hatten Häuser und Geschäfte geschlossen, da mehrere Deutsche ermordet worden waren. Alles hatte die Fassung verloren. — In dieser Zeit kam der Eber nun gestern Nacht hier an. Morgen gehen wir nach Saluafata, einem Dorfe unweit Apia, um dasselbe

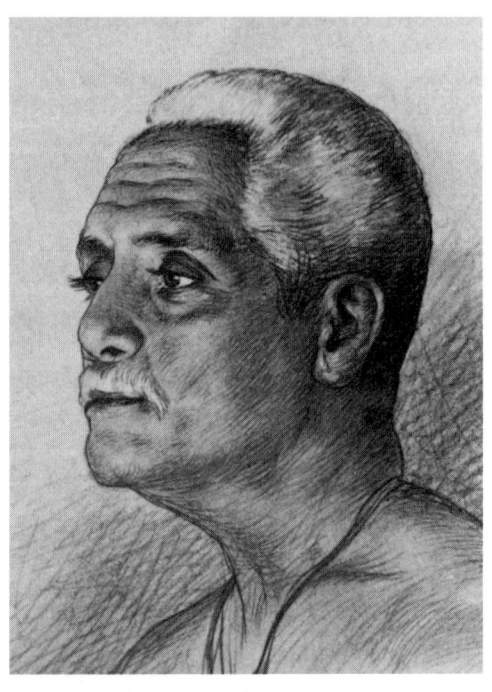

Der Häuptling Mataafa

in Grund und Boden zu schießen. Nach hier haben sich die ganzen Anhänger Malietoas (ca. 3—4000) zusammengezogen und bedrängen Tamasese hart. Wir hatten den Befehl, aufzuräumen, da der ADLER Apia nicht verlassen durfte, weil sonst hier wieder alles Hals über Kopf gegangen wäre.

Weitere Nachrichten sende ich im nächsten Briefe, da ich diesen Bericht nun endlich zu beendigen gedenke, denn am 4. Dezember geht die Post ab, und wer weiß, was inzwischen noch kommen kann.

Eure lieben Zeilen sowie Zeitungen und Journale habe ich mit vielen anderen Briefen meiner Freunde hier vorgefunden und mich von ganzem Herzen darüber gefreut. —

XX.

Saluafata, den 7. Dezember 1888.

Schon heute beginne ich meinen Brief für die erst im Januar von hier abgehende Post. Wie ich Euch in meinem letzten Aktenstück, denn so kann ich meinen 52 Seiten langen Bericht wohl nennen, bereits mitteilte, wurden wir gleich am folgenden Tage unserer Ankunft in Apia nach hier gesandt, weil während unserer Abwesenheit der Krieg auf Samoa ausgebrochen war.

Wie Euch bekannt sein wird, gehört Samoa bis jetzt noch keinem Staate an. Sowohl Deutschland als auch die Vereinigten Staaten von Amerika haben bereits seit langer Zeit Kriegsschiffe nach hier gesandt, um ihre Interessen wahrzunehmen und die Eingeborenen auf ihre Seite zu bringen. Deutschland war jedoch zuerst am Platze und hat am meisten für das Aufblühen des Handels wie für die Pflege der Kultur gethan, während Amerika stets nur durch Versprechungen die Eingeborenen gegen die anderen Nationen aufzustacheln suchte. Dies konnte jedoch nicht lange so dauern, und da Deutschland die meisten Eingeborenen auf seiner Seite hatte, so fühlte es sich gezwungen, vor einiger Zeit den amerikanisch gesinnten König Malietoa abzusetzen und in die Verbannung zu schicken. Der an seine Stelle eingesetzte Tamasese fand jedoch, da er nicht von der Hauptinsel Upolu, sondern von einer anderen Insel stammte, nicht die rechte Anerkennung und den Respekt bei den Kanakern, obwohl sich anfangs alle zu seiner Flagge bekannten, im stillen aber dem abgesetzten Malietoa treu blieben. Tamasese schlug nun sein Lager und seine Residenz in Mulinum auf, unterstützt vom deutschen Konsul und Hauptmann a. D. Brandeis, welcher eine Tochter Tamaseses zur Frau genommen.

Anfangs ging alles ganz gut, doch die stets anwesenden amerikanischen Kriegsschiffe sowie die vielen in Apia lebenden Amerikaner ließen mit ihren Reibereien und Hetzereien nicht nach, und so brach im vergangenen Sommer der Krieg zwischen den deutsch und amerikanisch gesinnten Eingeborenen aus, welcher auf das erbittertste geführt wird. Die Eingeborenen wurden von beiden Mächten mit Gewehren und Munition auf das reichlichste versehen. Große Kriegskanoes wurden gebaut,

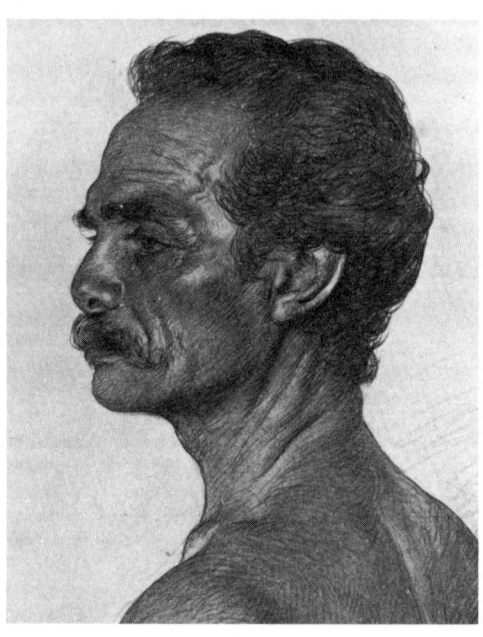

Der Häuptling Suatele

und der Krieg nicht allein zu Lande, sondern auch zu Wasser geführt. Die Mächte selbst mischten sich nicht in den Kampf ein, wozu sie ja auch kein Recht hatten, ermutigten die Eingeborenen aber durch die stete Gegenwart ihrer Kriegsschiffe.

Nachdem nun aber auch die Weißen angegriffen wurden und sogar einige getötet, sandte S. M. S. ADLER 10 scharfe Granaten nach Mulinum, welches von Tamasese verlassen und vom feindlichen Könige Mataafa besetzt worden war. Die Granaten richteten eine ziemliche Verwüstung an. – Der Kampf wäre bald zu Deutschlands Ungunsten ausgefallen, doch im entscheidenden Augenblicke kam S. M. S. EBER von den Marschalls-Inseln zurück. Wir hatten schon beim ersten Eintreffen in Apia durch die schneidige Bauart unseres Schiffes und durch die gute Armierung die Achtung der Eingeborenen gewonnen und dieselben für uns eingenommen. – Auf Befehl des Kommandanten S. M. S. ADLER (Stationsältesten) besetzten wir Saluafata (zirka 3 deutsche Meilen von Apia), welches schon vollständig zerstört war, und

Der Königspalast in Apia. Aus: Beta (1902)

in welcher Gegend Tamasese augenblicklich residierte. Kaum
hatten wir hier in der Bucht geankert, so kam uns auch schon
das amerikanische Kriegsschiff Nɪᴘsɪᴄ nach und ging neben uns
vor Anker.

Schon am nächsten Tage wurde an Land zum Kriege gerüstet.
Die Eingeborenen führten Wälle, Schanzen und Verhaue auf,
bauten Kriegskanoes und schleppten Proviant zusammen, daß es
ordentlich eine Lust war, anzusehen. Schon am zweiten Tage
griff Tamasese von der Wasserseite mit 2 Kriegskanoes und zirka 50 anderen Booten den Feind an, welcher in der Gegend von
Vailele (bei Hufnagel) saß. Am Abend hatte er zirka 150 Gewe-
re erbeutet. Der Feind hatte unzählige Tote, welchen Tamasese
nach Landessitte die Köpfe abschlug. Dieselben wurden am
nächsten und folgenden Tage ausgestellt und beerdigt, wenn
man ein Verscharren oder ein gemeinsames Eingraben in ein
großes Loch so nennen darf. Der Anblick der Leichen und blu-
tenden abgehauenen Köpfe war grausig, und kann ich mir nun
eine Vorstellung davon machen, wie es auf einem Schlachtfelde

aussehen mag. Wir kommen fast täglich an Land und ist uns daher genug Gelegenheit geboten, etwas zu sehen. Aber auch Tamasese hatte viele Verwundete, doch den Vorteil, daß er die Schlacht gewonnen. Unser Doktor und Lazarettgehülfe sind den ganzen Tag an Land, um die Verwundeten zu kurieren. Die beiden haben schon gefährliche Operationen, wie Mastdarmflikken, Bein- und Armamputationen u.s.w. ausgeführt.

Es fanden an den folgenden Tagen und Nächten immer neue Gefechte statt; aber ich glaube, es wird bald beendet sein: denn die größte Anzahl der Feinde sind auf unsere Seite übergetreten. Wie nun der Amerikaner sah, daß er doch nichts machen konnte, zog er sich wieder zurück und hat jetzt, wie es scheint, seine Hoffnung, die Samoa-Inseln zu erlangen, auch aufgegeben.

Samoa ist ein hübsches Land, das dem deutschen Reiche eine gute Portion Gewinn einbringen könnte. Die Naturschönheiten sind hier wundervoll. Ueberall hohe, bis in die Wolken reichende Berge, mit den schönsten Tropenpflanzen bewachsen und von herrlichen Flußthälern durchzogen. Die Flüsse bilden eine Menge Wasserfälle, von denen mir der bei Vailele bis jetzt am schönsten gefallen hat. –

Jetzt waren nur noch wenige Tage zum Weihnachtsfest. Es war der 15. Dezember, als endlich S. M. S. OLGA von Jaluit aus, wohin sie Malietoa gebracht hatte, in Apia eintraf. Wir sahen hier von Saluafata aus das Schiff im Hafen von Apia einlaufen, konnten jedoch die OLGA nicht genau erkennen, bis uns gleich am andern Morgen die genaue Nachricht zukam. Gleichzeitig kam aber auch die Nachricht, daß S. M. S. OLGA keine weiteren Befehle habe, sondern nur von Jaluit nach hier zu gehen. Am 17. Dezember kamen S. M. S. OLGA und ADLER (Flaggschiff) nach Saluafata zu uns. Alle drei Kommandeure hatten eine längere Unterredung mit einander. Wir erfuhren zwar nichts, konnten uns aber denken, daß etwas Außergewöhnliches im Anzuge sei; denn soviel wurde laut, daß am nächsten Tage in Vailele mit verstärktem Landungskorps gelandet werden sollte. Doch will ich jetzt erst den Plan erzählen, der von den drei Kommandanten verabredet war für den nächsten Tag; er wurde uns zwar erst später offenbar; doch gehört er hierher zur besseren Verständlichkeit des Folgenden:

Als Ueberschrift des nun Folgenden, das ewig in meinem Gedächtnis bleiben wird, kann ich mit Recht »Das Gefecht von
Vailele« setzen. Wo wir alle vor nicht langer Zeit das schöne
Pfingstfest gefeiert hatten, da sollte am nächsten Tage, dem 18.
Dezember, viel teures deutsches Blut für die deutsche Flagge
fließen. Nur mit traurigem Herzen, meine Lieben, kann ich
mich des Nächstfolgenden erinnern; denn so viele meiner Kameraden sind für die deutsche Flagge, für ihr teures Vaterland
im Gefecht von Vailele am 18. Dezember 1888 gefallen.

Doch nun zur eigentlichen Thatsache. S. M. S. Olga und Adler gingen noch am Nachmittage des 17. Dezember nach Apia
zurück. Die Mannschaften ersteren Schiffes sollten um 4 Uhr
morgens am 18. Dezember dicht bei Apia landen, um nach Vailele vorzugehen und hier Untersuchungen vorzunehmen. Unserem werten Gönner, Kapitän Hufnagel, waren von seiten der
feindlichen Eingeborenen verschiedene Schäden zugefügt, Kühe
und Schweine gestohlen u.s.w. Um ihn vor weiteren Unbilden
zu schützen, sollten die Olga-Mannschaften zuerst landen, darauf S. M. S. Adler von Apia und S. M. S. Eber von Saluafata aus
im Laufe des Vormittags nötigenfalls zur Unterstützung nach
Vailele dampfen und ebenfalls landen.

Der 18. Dezember brach an. Der Landungszug von S. M. S.
Olga unter Führung des Kptl. Jäckel, der Lieut. z. S. Sieger und
Spengler und Untl. z. S. Burghard ging um 5 Uhr morgens an
Land. Die eine Abteilung landete gleich hinter Apia mit ca. 60
Mann. Kaum jedoch waren sie an Land, als auch schon die
feindlichen Kanaker sie umzingelten und beschossen. Gleich
schwärmten die Angegriffenen aus und gingen in Schützenlinie
vor; doch was sind 70 Mann gegen ca. 2000 bewaffnete Wilde!
Ein fürchterlicher Kampf entbrannte; Schüsse fielen auf beiden
Seiten, und eine Kugel traf den Ltn. z. S. Sieger durch die Schlä-
fe; derselbe stürzte sofort tot zu Boden. Dies ist der erste Offizier der deutschen Marine, der im Kampfe gefallen. Jetzt war
die Erbitterung auf unserer Seite um so größer. Immer mutiger
drang die kleine Schar gegen die Wilden vor und schlug sich
nach Vailele durch, die Toten und Verwundeten mit sich schlep-
pend; denn dem Feinde durften sie nicht gelassen werden.

Kapitän Hufnagel kam ihnen entgegen, ihnen Mut zusprechend und sie führend; denn schon waren Ltn. z. S. Spengler durch einen Schuß in den Unterleib und Unterltn. Burghard durch je einen Schuß in beide Schultern verwundet. Als wir in Saluafata die Schüsse hörten, lichteten wir sofort die Anker und trafen mit S. M. S. Adler und den übrigen Olga-Mannschaften noch zur rechten Zeit in Vailele ein. Gleich wurde von beiden Schiffen gelandet. Wir stießen gleich mit den wenigen der zuerst gelandeten und bis hierher vorgedrungenen Mannschaften der Olga zusammen. Diese hatten ihre Munition bereits verschossen, und es wurde von uns gleich neue an Land gebracht und verteilt. Gleichzeitig wurde von Bord aus bombardiert, und fielen von unserem ersten Schuß 6 feindliche Kanaker. Die Verwundeten und Toten wurden in unseren Booten an Bord gebracht, welche unter Schutz der Bootswache und unserer Bordgeschütze dicht unter Land lagen. Um 1 Uhr mittags kamen die ersten Toten und Verwundeten bei uns an Bord; es war eine traurige Reihe. Nachstehend die Namen derselben.

Tot:

1. Lieutenant zur See Sieger.	7. Matrose Ritthammel.
2. Ober-Matrose Tetrow.	8. " Retwaik.
3. " Paetsch.	9. " Hildebrandt.
4. Zimmermann Goos.	Sämtlich von S. M. S. Olga.
5. Matrose Herfurth.	10. Matrose Zitzke von
6. " Witt.	S. M. S. Eber.

Ihr seht, meine Lieben, daß auch schon von unserem Landungskorps einer gefallen: Matrose Zitzke. Letzterer kam mit einem Schuß durch die Brust als Schwerverwundeter an Bord, verschied aber schon um 2 1/4 Uhr. Seine letzten Worte waren, nachdem er die Hände gefaltet: *Vater, in deine Hände befehle ich meinen Geist.* Er kam nicht mehr zur klaren Besinnung.

Schwerverwundete:

1. Lieutenant zur See Spengler.	5. Ober-Matrose Sielaff.
2. Unterlieut. z. See Burghard.	6. " Scheel.
3. Ober-Matrose Diedler.	7. " Grathand.
4. " Olis.	8. " Tietz.

9. Matrose Herforth.			23. Matrose Drese.		
10.	”	Höppner.	24.	”	Lange.
11.	”	Tzak.	25.	”	Kalinowski.
12.	”	Schatzky.	26.	”	Kirtschen.
13.	”	Tews.	27.	”	Kraub.
14.	”	Pierock.	28.	”	Drews.
15.	”	Martin.	29.	”	Tetschenhauer.
16.	”	Kittner.	30.	”	Segler.
17.	”	Müller.	31.	”	Esau.
18.	”	Kiwinus.	32.	”	Töpelt.
19.	”	Schulz.	33. Boots-Maat Menga.		
20.	”	Stahl.	34. Ober-Matrose Limberger.		
21.	”	Brückner.	35.	”	Krohn.
22.	”	Tabert.	36. Zimmermann Ivens.		

Sämtlich von S. M. S. Olga.

Teils hatten dieselben mehrere Schüsse, wie Ober-Matrose Tietz 3 Schüsse in den Bauch und die Brust. Derselbe verschied am 20. Dezember bei uns an Bord. Um 4 Uhr kamen alle an Bord zurück. Wir hatten von Bord aus alles beschossen und durch die Granaten in Brand gesetzt. An Land war alles ein Flammenmeer. Gerade als ein Boot mit Verwundeten wieder an Bord kam, wurde von Land aus auf dasselbe geschossen. Wir feuerten sofort eine Granate nach der Stelle, und es fielen davon 38 Weiber und 10 Kinder. Die Toten und Verwundeten des Feindes werden auf 3—400 geschätzt. Es war ein trauriger Anblick bei uns an Bord. Vorn unter der Back lagen die Toten. Einem von ihnen, dem Matrosen Hildebrandt, war von den Kanakern das rechte Ohr abgeschnitten, und der Kopf wäre gewiß noch gefolgt, wenn nicht noch rechtzeitig einer seiner Kameraden, welcher dies sah, den Kanaker über den Haufen geschossen hätte. Der Wilde hatte schon das Gewehr, sowie das Koppel mit Seitengewehr und Patronentasche des Toten umgebunden. Doch noch nicht genug des Schrecklichen. Als alles bei uns an Bord sich eingeschifft hatte (S. M. S. Olga war mit den an Bord gebliebenen Leuten in Apia geblieben) und gemustert wurde, fehlten noch weitere 4 Mann. Am Tage darauf wurden zwei derselben vom Kapitän Hufnagel gefunden und an Bord der Olga geschickt. Der eine hatte einen Schuß durch die Brust und war wahrscheinlich gleich gestorben; ihm fehlte jedoch der Kopf, den die Kanaker abgeschnitten und mitgenommen hatten. Dem andern, einem Ober-Matrosen, namens Schulz, war ebenfalls der Kopf vom Rumpfe getrennt, aber nicht abgeschnitten, sondern bis zur Hälfte der Brust abgehackt. Derselbe hatte nur einen Schuß in den Fuß, konnte aber nicht gehen, und ihm ist wahrscheinlich noch lebend der Kopf abgehauen. Diese beiden wurden in die See versenkt. Die zwei andern fand Kapitän Hufnagel drei Tage nach der Schlacht. Dem einen (Matrosen Herzberg), welcher einen Schuß in den Leib hatte, war von den Kanakern die Gurgel aufgeschnitten und der Leib aufgeschlitzt; der andere hatte einen Schuß in den Fuß, war aber sonst unversehrt. Letztere beiden wurden vom Kapitän Hufnagel in Vailele beerdigt.

Doch nun zurück! Am Nachmittag des 18., nachdem sich alles an Bord eingeschifft, kam S. M. S. Olga von Apia, weil schon Gerüchte bis dahin gedrungen waren. Das Landungskorps derselben schiffte sich ein, und wir gingen nach Apia zurück, um die Toten an Land zu bringen. S. M. S. Olga und Adler blieben zurück, um am nächsten Tage das feindliche Lager zu beschießen. Am andern Morgen, den 19., kamen beide Schiffe ebenfalls nach Apia. Wir gaben nun die Toten von Bord, welche gleich an Bord in Särge gelegt wurden. In der Werkstätte der Plantagen-Gesellschaft war die ganze Nacht an den Särgen gearbeitet. Ebenfalls gaben wir die Verwundeten, welche transportiert werden konnten, vom Eber an Bord der Olga, es blieben uns jedoch noch 14 hier an Bord, welche schwer darniederlagen. Am Nachmittag 1/2 2 Uhr gingen sämtliche Flaggen halbstocks. Von allen Schiffen kamen Deputationen zum Begräbnis an Land; alle Deutschen beteiligten sich an demselben, und waren die Särge von den Frauen auf das schönste mit unzähligen Blumen und Kränzen geschmückt. Alle Toten wurden in einem gemeinsamen Grabe in Mulinum beerdigt, nachdem 3 Salven über das offene Grab abgefeuert waren. Unvergeßlich werden uns die schweren Stunden des Kampfes bleiben, und unvergeßlich auch das Andenken an unsere Kameraden; denn durch das heldenmütige Vorgehen und die Tapferkeit aller haben wir den deut-

Grabstätte der gefallenen Deutschen, im Hintergrund der Königspalast

schen Namen, der hier anfing, mißachtet zu werden, wieder emporgehoben.

Der Krieg hat begonnen, und wir alle sind jetzt begeistert, dem deutschen Namen Achtung und Ansehen zu verschaffen, fern von der Heimat. — Doch kehren wir vom Begräbnis an Bord zurück. Ein trauriger Anblick bietet sich uns dar. Schwer stöhnend liegen die Verwundeten an Deck; unermüdlich sind Doktor und Krankenträger im Verbinden. Der Konsul sowie die übrigen Deutschen senden Erfrischungen aller Art an Bord, um die Verwundeten zu erquicken. Wir schickten uns sofort an, das Schiff zu reinigen; denn überall Blut an Deck; blutiges und zerrissenes Zeug der Verwundeten und Toten lag überall umher.

Und das zu Weihnachten, meine Lieben. Ein solches Weihnachtsfest ist uns noch nicht beschieden gewesen, und ist es nur ein Glück, daß die Lieben der Verwundeten und Toten daheim erst nach dem Fest von den schmerzlichen Verlusten Kenntnis erhalten. Ich bin — Gott sei Dank — unverletzt geblieben, aber nie werde ich vergessen, wie die feindlichen Kugeln über unsere Köpfe flogen. Das Gefecht ist mit dem in Kamerun stattgefundenen nicht zu vergleichen; dort fiel ein Mann. Hier standen uns (wir waren von allen drei Schiffen ca. 220 Mann an Land) nicht weniger denn 3000 bewaffnete Wilde gegenüber. Es fielen im ganzen 15 Mann, und außerdem hatten wir 36 Verwundete. Einen solchen Verlust hat unsere Marine im Auslande noch nicht zu verzeichnen gehabt und wird sie hoffentlich nicht mehr zu verzeichnen haben. Jedem Kanaker standen an Land ca. 400 Patronen zur Verfügung.

Apia, den 30. Dezember 1888.

Weihnachten ist vorüber. Euch, meine Lieben, all die Leiden der unglücklichen Verwundeten zu berichten, dazu reicht das Papier, möchte ich sagen, nicht aus. Nachdem, wie schon vorgehend erwähnt, die meisten von uns an S. M. S. OLGA abgegeben, behielten wir noch 14 Mann an Bord. Diese können wegen der Schwere ihrer Wunden nicht transportiert werden. Unser Assistenz-Arzt führt täglich die schwierigsten Operationen aus. Einem gewissen Matrosen Kalinowski (4jährig Freiwilliger), welcher hier bei uns an Bord liegt und einer der am gefährlichsten Verwundeten ist, ging der Schuß in seine Patronentasche. Dieselbe war noch beinahe ganz gefüllt. Fast sämtliche Patronen, welche er in derselben hatte, wurden auseinandergerissen und explodierten. Einige drangen in seinen Unterleib, und gestern erst wurden ihm wieder einige Stücke von Patronenhülsen aus der Wunde entfernt. Die Schmerzen, die solch eine Operation verursacht, könnt Ihr, meine Lieben, Euch wohl vorstellen. – Eine Depesche an das augenblicklich in Zanzibar weilende Geschwader ist bereits abgegangen, und sowie diese Verstärkung eintrifft, wird wohl der Geschichte hier ein Ende gemacht werden. Gott wird uns hoffentlich beschützen und beistehen, und so werden wir mutig mit der Verstärkung dem Feinde entgegen gehen und unsere gefallenen und verwundeten Kameraden rächen können.

Jetzt augenblicklich sind wir zu schwach, da außerdem eine

Wache von 40 Mann täglich an Land zum Schutz der deutschen Handels- und Plantagen-Gesellschaft gestellt werden muß. Mataafa hat nämlich geäußert, daß er eines Nachts die Firma überfallen und sämtliche Deutschen an Land umbringen will. Unsere stets geladenen Geschütze sind auf Land gerichtet, und unsere Handwaffen mit 60 Patronen in Patronentaschen und Brotbeutel stehen klar an Deck auf den Gefechtsplätzen. − An Urlaub ist unter diesen Umständen vorläufig nicht zu denken; wenn wir auch dienstlich öfter an Land zu thun haben, so halten wir uns doch stets nur in der eigentlichen Stadt auf. Sollte sich einer von unsern Leuten im Busch sehen lassen, so würde er doch ohne weiteres von den Feinden niedergeschossen werden.

Anbei bin ich in der Lage, Euch die Photographie des von Deutschland abgesetzten Königs Malietoa zu senden. Wie Ihr seht, macht sich derselbe in seiner europäischen Tracht gar nicht so übel. Derselbe ist in Apia von S. M. S. OLGA an Bord genommen und nach Jaluit gebracht, wo er zeitlebens in Verbannung bleibt. Vergessen ist er hier noch nicht, und deshalb wird der Krieg aufs erbittertste geführt.

Gebe nun Gott, meine Lieben, daß alles zum guten Ausgang gelange, und ich Euch gesund und munter wiedersehe! Mündlich werde ich Euch all die näheren Einzelheiten besser erklären können; denn jetzt in Muße zu schreiben, ist in dieser unruhigen Zeit, wie Ihr Euch wohl denken könnt, nicht möglich. Bis jetzt bin ich noch wohlauf und hoffe es zu bleiben. Gott wird uns beschützen, daß wir nicht noch weitere so schwere Verluste erleiden; das ist meine tägliche Bitte.

Morgen, den 31., bekommen wir Eure liebe Post vom November, welche hoffentlich nur gute Nachrichten bringt. Morgen Mittag geht aber auch diese Post weg, und so werde ich Euch wohl mit der nächsten auf den morgen von Euch zu erwartenden Brief Antwort geben können. Hoffentlich seid Ihr, meine Lieben, alle wohl und munter und erfreut Euch des Weltfriedens, den uns unser unvergeßlicher seliger Kaiser Wilhelm I. geschaffen, und den sein Enkel, der jetzige junge Kaiser durch innige Freundschaft mit allen Reichen zu wahren und zu erhalten wissen wird.

Doch nun lebet wohl, meine Lieben alle daheim. Tausend

Grüße und Küsse sende ich Euch allen in der Hoffnung, daß uns das neue Jahr auch Ruhe und Frieden in unseren Kolonien bringen möge.

Das walte Gott!

Wenn ich noch Zeit habe, dann sende ich am 11. kommenden Monats einen Brief über Australien mit weiteren Nachrichten.

Apia, den 1. Januar 1889.

Meine Lieben!

Gestern Nachmittag 1 Uhr ist Lieutenant zur See Spengler seinen Wunden erlegen und heute, am Neujahrstage Nachmittag, sein Begräbnis. Welch ein trauriger Festtag! Lieutenant zur See Spengler war einer der tüchtigsten Anführer im Gefecht von Vailele, und wir hielten viel von ihm.

Ehre seinem Andenken.

XXI.

Auckland (Neu-Seeland), den 20. Januar 1889.

Wie Ihr aus dem Datum seht, hat uns das Schicksal jetzt für einige Zeit nach der schönen Insel Neuseeland verschlagen. Ich will Euch in Kürze berichten, was seit dem Abgang meines letzten Briefes passiert ist, denn viel Zeit zum Briefeschreiben habe ich nicht, da ich gleich mit der Gig an Land fahren muß. Wie Ihr aus meinem letzten Schreiben ersehen, haben wir seit unserer Ankunft auf Samoa schwere Zeiten durchgemacht. Am Sylvestertage Nachmittag starb, wie ich Euch schrieb, an seiner schweren Wunde (Schuß durch den Unterleib) Lieutenant zur See Spengler. Am Neujahrstage haben wir unseren tapferen Offizier mit allen militärischen Ehren begraben. Fern von der Heimat, unter Palmen ruht jetzt das echte, treue Soldatenherz, das für seinen König und für die Ehre und den Ruhm des Vaterlandes sein Leben gelassen. —

Die Unruhen auf Samoa dauern fort. Am 5. Januar, also kurze

Ansicht von Apia. Aus: Schmack (1938)

Zeit nach dem Gefecht, brach nachts 12 Uhr im deutschen Konsulate zu Apia Feuer aus, welches das Konsulatsgebäude, die Post, die deutsche Firma Grevsmühl & Co. und eine Filiale der Handels- und Plantagengesellschaft total einäscherte. Es war ein furchtbarer Brand, der den schönsten Stadtteil Matafele vernichtete, denn das Konsulatsgebäude und die Post waren die hervorragendsten Gebäude Apias. Sämtliche Schiffe, auch die der Amerikaner und Engländer, sandten Leute an Land, um sich an den Lösch- und Rettungsarbeiten zu beteiligen. Aber wenig war aus dem Feuer zu holen, da es rapid schnell um sich griff. Wir konnten nur einige Gebäude, unter anderem das Gefängnis abreißen, um ein weiteres Fortpflanzen des verheerenden Elementes zu verhüten. Die Entstehung des Brandes ist uns unbekannt, doch vermuten wir, daß der Feind dabei die Hand im Spiele hat.

Die beiden eisernen Geldschränke konnten ebenfalls aus dem Konsulat nicht mehr gerettet werden, wurden aber am andern Tage unter dem Schutt gefunden. Sämtliche in denselben befindliche Akten waren total versengt, und einiges Geld zusammengeschmolzen. Der Schaden ist bis jetzt noch nicht berechnet worden, soviel ich weiß.

Da nun die Unruhen ihren steten Fortgang nehmen, auch die Deutschen in Apia hart bedrängt werden, so mußte der EBER schleunigst nach hier abdampfen, um an die Admiralität zu depeschieren, um Verstärkung zu bitten und gleich auf Antwort zu warten. Am Sonnabend, den 12. Januar, früh 5 Uhr, gingen wir mit vollem Dampf und allen Segeln von Apia weg und trafen gestern, also nach 8 Tagen bereits, abends 8 Uhr, in Auckland ein. Die Strecke beträgt 16—1800 englische Meilen, und hat der EBER somit ein glänzendes Zeugnis seiner Schnelligkeit abgelegt.

Gleich nach unserer Ankunft, abends 1/2 9 Uhr schon, konnte die Freiwache, zu der auch ich gehörte, an Land gehen. Auckland ist die Hauptstadt von Neu-Seeland mit ca. 80000 meist englischen Einwohnern. Die Stadt mit ihren breiten Straßen, ihren Prachtbauten, Eisenbahnen, Pferdebahnen, Droschken und großartigen Geschäften jeden Genres, mit ihren Skating Rinks und sonstigen Vergnügungsetablissements bietet alles, was man von einer Großstadt beanspruchen kann. Ich hatte dank Eurer Weihnachtssendung und meiner Löhnung ca. 40 Mark in der Tasche, und fühlte mich in der großartigen Umgebung, die uns nach unserem langen Inselleben recht wohlbehagte, wie ein Krösus. Wir hatten Urlaub bis morgens 7 Uhr und haben uns prächtig amüsiert. Das Leben in Auckland ist überaus billig. Ein Zimmer im Hotel mit wirklich guten Betten kostet durchgängig 1 Shilling, 1 Portion Setzeier mit Schinken und Brot und einer Tasse guten Kaffee ebenfalls 1 Shilling. Das Glas Bier bezahlt man mit 50 Pfg., welchen Preis man auch für eine allenfalls rauchbare Zigarre erlegen muß. Andere Sachen, wie Aepfel, Birnen, Südfrüchte, Weintrauben, sind sehr billig und von ausgezeichneter Güte. Die Geschäfte sind großartig eingerichtet und können an Eleganz mit jedem Geschäft einer deutschen Großstadt konkurrieren. — Die Leute auf der Straße gehen sehr nobel, und findet man unter den Herren und Damen der besseren Stände hervorragende Toiletten nach der neuesten Mode. — Das Wetter aber ist hier ganz anders wie in Samoa. Wir haben hier jetzt dieselbe Temperatur wie bei uns in der Heimat im Spätsommer, da wir ja bedeutend südlicher vom Aequator sind als in

Apia. Uns hat auf der Seetour nach hier, besonders nachts, tüchtig gefroren, was uns nach der kolossalen Wärme (namentlich in Jaluit) ordentlich empfindlich vorkam. — Die Lage Aucklands an der 15 Meilen langen, breiten Bucht ist prächtig, und hoffe ich, hier noch manche vergnügte Stunde zu verleben.

XXII.
Letzter Brief.

Apia, den 14. Februar 1889.

Meine Lieben daheim!
Zuerst Euch zur Nachricht, daß ich Euren lieben Brief vom 11. Dezember 1888 am Dienstag, den 12. d. Mts., bei unserer Ankunft von Auckland hierselbst erhalten und mich gefreut habe, daß alles in der lieben Heimat noch wohl und munter ist; auch ich bin, Gott sei Dank, immer noch wohl auf. — Doch nun will ich Euch, meine Lieben, auch einiges von unseren Erlebnissen in Auckland mitteilen. Den Grund unserer Entsendung nach dort habe ich Euch ja in meinem Briefe von Auckland aus mitgeteilt, welcher hoffentlich schon in Euren Händen ist. Wie schon erwähnt, war auch ich unter den Glücklichen, welche gleich am ersten Tage oder vielmehr Abend unserer Ankunft noch an Land kamen. Da nun schon seit längerer Zeit ein russisches Kriegsschiff erwartet wurde, so wurden wir bei unserer Ankunft an Land zuerst für Russen gehalten. Bald jedoch hatten wir den Irrtum aufgeklärt und wurden nun von allen Seiten aufs herzlichste aufgenommen, so daß wir am nächsten Morgen um 7 Uhr schweren Herzens wieder an Bord gingen. Nach langer Zeit war es wieder das erste Mal, daß wir uns ordentlich amüsieren konnten. Die Stadt Auckland an und für sich zählt meiner Schätzung nach zirka 100,000 Einwohner, wenn nicht mehr. Die Bevölkerung ist größtenteils englisch, doch leben auch mehrere Deutsche dort. Die Stadt macht einen freundlichen Eindruck und weist in ihren schönen breiten Straßen auch ganz prächtige Bauten auf. So unter anderen die Neuseeländische und Australische Bank, die Post, die öffentliche Bibliothek u.s.w. Auch an

Privathäusern ersten Ranges ist Auckland garnicht arm. Die Geschäfte in der Queenstreet (Hauptstraße) können gern mit denen der Leipzigerstraße in Berlin konkurrieren. Das Schönste auf Neuseeland ist aber vor allen Dingen das Klima. Wir hatten während unserer Anwesenheit richtiges August- und Septemberwetter und war infolgedessen alles, was die Natur in dieser Jahreszeit erzeugt, vertreten.

Ein kleiner Preiscourant folgt:

1 Pfund Pflaumen bester Art . . . . 4 Pence. (40 Pf.)
1 Pfund der schönsten Aepfel und
Tafelbirnen aller Sorten. . . . . 4 Pence.
3 schöne große frische grüne Gurken . . . . 1 Mark.
1 Dutzend frische Eier. . . . . 1 Mark.
1 Pfund frische Butter . . . . 1 Mark.
1 große Kanne Milch, zirka 4 Liter . . . . 80 Pf.
1 Kopf Kohl oder Salat . . . . 30 Pf.

Außerdem haben sämtliche Gemüsearten sehr billige Preise.

1 Pfund vom besten Fleisch irgend welcher Art kostet 30 Pf.

Weintrauben, Pfirsiche, Aprikosen, Nüsse waren in guten Qualitäten und zu billigen Preisen vertreten.

1 Ztr. Kartoffeln kam 8 Mark u.s.w., u.s.w.

Das in besonderem Couvert beifolgende Album von Auckland wird Euch gewiß interessieren. Ich habe mit Tinte einige Hauptstellen bezeichnet. Das obere große Bild ist eine Totalansicht der Stadt und des prächtigen großen Hafens.

Zu Kaisers Geburtstag, welcher hier an Bord großartig gefeiert wurde, waren zirka 200 Fremde an Bord, Herren, Damen und Kinder, auch der Konsul mit Familie. Wir amüsierten uns köstlich. Es wurde flott getanzt, denn unsere Kapelle spielte. Abends wurde Theater gespielt, »Zu Befehl, Herr Lieutenant!«, in welchem Stück ich die dankbare Rolle des Burschen Hans Taps hatte. Das Vergnügen dauerte bis 11 Uhr abends.

Immer einen Tag um den andern bekamen wir Urlaub von mittags bis morgens 7 Uhr. Schwer wurde uns die Trennung, als es hieß: »Es geht in See nach Apia!« Die erste Depesche, welche aus Berlin kam, lautete: EBER, *Auckland, auf weitere Nachrichten warten. Fürst Bismarck.*

Dieselbe kam am Sonnabend, den 2. Februar, abends 6 Uhr, an. Am Sonntag, den 3. h. m., kamen die anderen Nachrichten, unter anderen von der Admiralität:

EBER *sofort nach Apia!* Und so verließen wir am Dienstag, den 4. Februar, früh 6 Uhr, den uns so lieb gewordenen Platz mit der Hoffnung auf baldiges Wiedersehen.

Wir gingen nun mit Volldampf von Auckland weg und hatten in den ersten Tagen solch schlechtes Wetter, daß das Schiff so überholte, daß das Wasser von allen Seiten überkam, und niemand an Bord trocken blieb. Auf Tischen konnte man nichts hinstellen, wenn es nicht über Stag gehen sollte.

Am Dienstag, den 12. Februar, abends 7 Uhr, kamen wir hier in Apia ein und trafen alles beim alten an. Wir hatten kaum geankert, als uns auch schon unsere Post, welche während unserer Abwesenheit eingetroffen, überbracht wurde.

Mit großem Interesse habe ich Briefe und Zeitungen gelesen. Besonders hat es mich interessiert, daß Du, lieber Vater, über meine Reise mehrere Vorträge ausgearbeitet hast, und es freute mich, zu lesen, daß dieselben in meinem Heimatstädtchen Interesse erregt haben. Es wird mich freuen, wenn ich bei meiner Rückkehr, die spätestens im August erfolgen kann, über meine ganze Reise selbst einen kleinen Vortrag im Bürgerverein werde halten können.

Uebrigens bin ich wieder in der Lage, Euch einige Bilder aus Samoa (Apia) senden zu können. Die betreffende Bezeichnung der einzelnen Personen und Gegenstände habe ich hinten auf der Rückseite der Photographien vermerkt. Auf dem einen Bilde seht Ihr einen Teil des Gefechtsfeldes vom 18. Dezember. Wo jetzt (wie auf dem Bilde ersichtlich) die Ochsenwagen stehen, war eine der schlimmsten Stellen. Das kleine Haus inmitten des Bildes, die Aufseherwohnung, war als Lazarett eingerichtet, und sind jetzt die Wände von Schüssen total durchbohrt. Mit dem beifolgenden Bilde Mataafas habt Ihr nun die Reihe der Könige von Samoa: Malietoa, Tamasese, Mataafa, vollständig vertreten. Von der Brandstätte werde Euch noch verschiedene andere Bilder senden, z. B. wie unsere Mannschaften dort Posten stehen u.s.w. Das Bild vom Hafen von Apia zeigt Euch die ganze Stadt. Links die Grenze von Matantu und Apia (amerikanisches Kon-

sulat), die beiden Geschäftshäuser der Firma M. C. Arthur &
Cie. und Moors, welche beiden Personen die größten Deut-
schenfeinde sind und thätigen Anteil am Kriege auf seite Mataafas genommen haben. In der Mitte die Kirche der französischen
Mission. Weiter rechts den Stadtteil Matafele, welcher beinahe
ganz abgebrannt ist, und ganz rechts die Hauptniederlassung der
deutschen Handels- und Plantagen-Gesellschaft (Firma). Ganz
rechts vorn erblickt Ihr einen Teil der Halbinsel Mulinum. –
Auf einem anderen Bilde habt Ihr den Hafen von Panga Pango
auf der Insel Tutuila, wo wir die Nachricht vom Tode Kaiser
Friedrichs erfuhren.

Heute, am 14. Februar, ist seit morgens früh ein solcher Sturm
und solches Wetter im Hafen, wie ich es bis jetzt noch nicht erlebt. Unsere drei Anker hielten nicht, und wären wir bald auf
Strand geraten. Unsere Schraube ist beschädigt, und müssen wir
unbedingt in nächster Zeit nach Sidney ins Dock oder nach
Auckland. Ein großer amerikanischer Schoner, etwas größer wie
der EBER, welcher zirka 100 M. von uns lag, kam ins Treiben und
zerschellte vor unseren Augen. In wenigen Minuten war er gesunken, und die Masten gebrochen. Die Mannschaften wurden
durch das amerikanische Kriegsschiff NIPSIC gerettet. Es ist das
erste Schiff, welches ich mit eigenen Augen habe untergehen sehen. Kurz darauf kam ein anderer Schoner ins Treiben und
wurde an der Stelle des Moorschen Geschäftes als Wrack an
Land geworfen. Ein dritter Schoner liegt in der Mitte des Hafens
fest auf Korallen, und ein vierter kann sich nur mit Mühe halten. Wir haben ihm soeben von uns noch einen Anker gebracht.

Seit heute Morgen 5 Uhr arbeiten wir ununterbrochen im
stärksten Regen. Die ganze Takelage ist an Deck genommen, um
dem Sturm so wenig wie möglich Widerstand zu bieten. Noch
immer tobt und heult er. Bäume und sonstige Sachen treiben im
Hafen und machen jeden Bootsverkehr unmöglich. Unser Schiff
wird bald haushoch gehoben, bald auf die Seite geworfen. Apia
ist der ungünstigste Hafen, von dem ich jemals gehört. Das
Thermometer ist noch immer im Fallen, und sind sämtliche vier
Anker klar zum Schlippen, die Maschine ist unter Dampf. Hoffentlich wird es in der Nacht besser und klärt sich auf.

Wie es heißt, ist der Dampfer NÜRNBERG mit Ablösung für

Im Hafen Panga-Pango, auf der Insel Tutuila

uns schon unterwegs. Hoffentlich befinden wir uns beim Emp-
fang dieses Briefes Eurerseits schon auf der Rückreise nach der
Heimat, wonach wir uns alle nach den schweren Zeiten herzlich
sehnen. Wahrscheinlich wird es noch einmal zum Kampfe kommen, wenn unsere Verstärkung hier ist, und dann wird uns hoffentlich der liebe Gott beschützen, daß wir siegreich aus demselben hervorgehen und die Heimat gesund und munter wiedersehen.

Apia (Samoainseln), den 20. Februar 1889.
Da ich heute wieder in den Besitz einiger Bilder gelangt bin, die
Post vor Sonntag nicht abgeht, so will ich Euch heute noch eini-

ge Zeilen zu den am 14. geschriebenen hinzufügen. Die neu hinzugekommenen Bilder sind Tamasese mit einem Häuflein seiner Getreuen; eine Landschaft bei Vailele (Gefechtsplatz); ein Posten in der Straße Apias u.s.w.; die Bilder werden mir später immer die fern von der Heimat verlebten Zeiten zurückrufen. Ich habe die Absicht, bei meiner Rückkehr eine Reisebeschreibung für mich zu schreiben, der ich dann die Bilder im Text beikleben will. Ich hoffe von anderen Plätzen, wo wir waren und noch hinkommen werden, ebenfalls noch Bilder zu erhalten.

Bei dem letzten Sturm hat unsere Schraube und der Kiel des Schiffes doch etwas abbekommen. Seit 2 Tagen wird ununterbrochen getaucht. Morgen entscheidet es sich, ob wir nach Sidney gehen oder nicht. Das Wrack des untergegangenen amerikanischen Schoners CONSTITUTION ist von den Wellen und der Brandung fast ganz zerschlagen.

Jetzt ist es hier an Land so ziemlich ruhig. Man hört selten etwas. Die beiden Könige sitzen in ihren Lagern und warten auf Entscheidung.

Am Montag früh gingen wir Anker auf in der Nähe von Vailele, um Tamasese, welcher dort sein Lager hat, einige Briefe zu überbringen. Der deutsche Konsul, Dr. Knappe, hatte sich zu diesem Zwecke bei uns eingeschifft.

Bei unserer Ankunft daselbst kam Tamasese, bekleidet mit einem Lavalava, schwarzem Sammetjakett, Kragen, Shlips und Manschetten, sonst aber ohne Hosen und barfuß, mit 2 Häuptlingen an Bord. Nachdem er und seine Begleiter vom Kommandanten Kapt.-Lieut. Wallis mit einigen Gläsern Bier bewirtet, fuhren alle, auch unser Kommandant und der Konsul, an Land. Um 1 Uhr mittags gingen wir nach Apia zurück. Gestern früh ist wieder einer von den Verwundeten S. M. S. OLGA gestorben und am Vormittage mit allen militärischen Ehren begraben worden.

Vorgestern starb einer von S. M. S. OLGA, welcher zwar unverwundet aus dem Gefecht hervorgegangen, aber kurz nachher an einer Leberkrankheit erkrankt war. Alle sind auf einem gemeinsamen Platz beerdigt, und wird wohl das von allen Kameraden gestiftete und in Sidney bestellte Denkmal bald eintreffen. Hoffentlich bringt die Post, welche am Montag aus der Heimat hier eintrifft, viel Neues. Der Kaiser sandte an uns hier ein Glückwunsch-Telegramm für siegreiche Landung in Vailele.

Apia, den 2. März 1889.

Wiederum einige Bilder, die Euch interessieren werden. Das große Bild zeigt Euch Mataafa in seinem Lager; ihm zur Seite der Amerikaner Klein, welcher hier im Gefecht am 18. Dezember eine große Rolle gespielt hat. Er wurde von uns verfolgt und ist infolgedessen auf das amerikanische Kriegsschiff NIPSIC gegangen, welches ihn nach Tutuila brachte, von wo aus er mit dem Postdampfer MARIPOSA (amerikanisch) nach San Francisco gegangen ist. — Auf Bild III. des Hafens von Apia seht Ihr die Halbinsel Mulinum mit der Hauptstadt selbigen Namens, ehemalige Residenz des Königs Tamasese und des Hauptmanns Brandeis. Das Kreuz bezeichnet die Stelle, wo sich das Grabmal der im Gefecht gefallenen Kameraden befindet.

Das Bild von Vailele zeigt Euch wiederum einen Teil des Kampfplatzes vom 18. Dezember. Unweit des Thores an der Hecke fiel der Matrose Zitzke von unserem Schiff. Sonst giebt es heute weiter nichts Neues.

Die letzte Post vom vergangenen Mittwoch hat mir leider keinen Brief von Euch, meine Lieben, gebracht, was ich mir nicht erklären kann, da Ihr meinen Brief vom Dezember vorigen Jahres doch wohl erhalten habt. Hoffentlich bringt mir die nächste Post Aufklärung. Von Johannes erhielt ich einen Brief. Es ist immer eine lange Zeit, wieder 4 Wochen auf Nachrichten warten zu müssen. Doch nun, meine Lieben, herzlichen Gruß und Kuß von Eurem fernen Adolph.

Der lieben Mama zum Geburtstage am 24. April aus weiter Ferne die herzlichsten Glückwünsche aus kindlichem Herzen von ihrem

Adolph.

Am 21. April 1889 traf der letzte Brief meines Bruders mit einer Unmenge von Photographien, mit Ansichten aus Samoa in der Heimat ein. Der arme Junge war beim Eintreffen seiner Zeilen bereits seit einem Monat nicht mehr unter den Lebenden. Seine Wünsche, die Heimat und die lieben Seinen bei einer Rückkehr von seiner zweijährigen Reise gesund und munter wiederzusehen und begrüßen zu können, sind nicht in Erfüllung gegangen, denn am 16. März 1889 hat er im Verein mit seinen Kameraden beim Untergange seines Schiffes in den Meereswellen seinen Tod gefunden und ruht jetzt auf dem Korallengrunde der Südsee, oder sein verstümmelter Leichnam ist unerkannt auf dem katholischen Kirchhof in Apia beerdigt worden.

Die Schreckensbotschaften, welche am 31. März 1889 und in den ersten Apriltagen in der deutschen Heimat eintrafen, zittern noch im Herzen aller Deutschen nach. Es waren für die Angehörigen der auf den in Samoa stationierten Schiffen befindlichen Marinesoldaten qualvolle Augenblicke der Ungewißheit, und manches Elternherz durchlebte Stunden der bittersten Qualen. Da endlich kam die Gewißheit, die Liste der Toten, die Aufzeichnung der Namen aller derjenigen wackeren Seeleute, die dem verheerenden Orkane im Hafen vom Apia zum Opfer gefallen.

Stumm und wehmütig blickte das thränenschwere Auge jedes deutschen Mannes auf die schwarze Totenliste, und so wie viele Eltern beweinten auch die meinen den Tod ihres geliebten Kindes, der kurz vor der Rückkehr in die Heimat einen so jähen Tod gefunden.

Die Katastrophe von Apia

am 15. und 16. März 1889.

(Von einem Korrespondenten des Berliner Tageblattes.)

Niemals hat in diesem Teile der Erde — so heißt es in einem Bericht aus Apia — ein Sturm von solcher Gewalt gewütet. Wenige Tage vor Ausbruch des Sturmes war das Wetter sehr trübe gewesen und das Barometer war beständig gefallen, aber niemand hatte einen so fürchterlichen Sturm, wie er am Freitag, den 15. März, nachmittags losbrach, erwartet. Gegen 11 Uhr nachts war der Wind zu einem Orkan angewachsen, und auf fast allen Kriegsschiffen arbeiteten die Maschinen, um den Druck des Sturmes auf die Ankertaue zu mindern. Die Mannschaften auf den Segelschiffen hatten meistens Reserveanker geworfen und waren dann ans Land gegangen. Um Mitternacht begann es zu regnen, und der Orkan nahm immer mehr zu. Vom offenen Meere aus brachen mächtige Wellen in den Hafen hinein, und die Schiffe wurden wie Nußschalen hin und her geschleudert. Jeder Mann an Bord war auf seinem Posten. Die Anker des EBER verloren gegen Mitternacht ihren Halt und eine Stunde später die der VANDALIA ebenfalls, aber beiden Schiffen gelang es durch Benutzung voller Dampfkraft, sich von dem Riff und den übrigen Schiffen fern zu halten; stärker und stärker raste der Sturm, und der Regen goß in unaufhaltsamen Strömen herab.

Gegen drei Uhr wurde die Situation beängstigend; fast sämtliche Anker hatten sich losgerissen, und die Gefahr von Kollisionen lag sehr nahe. Auf verschiedenen (amerikanischen) Schiffen brach eine Panik los, und nur mit Mühe gelang es den Offizieren, die Ordnung wiederherzustellen. Das Unwetter hatte auch die Bewohner der Stadt aus der Ruhe aufgeschreckt, Männer und Frauen eilten auf die Straße, und die Eingeborenen schienen besser als alle anderen die schreckliche Lage, in der sich die Schiffe im Hafen befanden, zu verstehen, denn sie eilten alle ans Ufer und blickten mit ängstlicher Spannung in die fürchterliche Nacht hinein. Vom Ufer aus konnte man die Lichter der Kriegsschiffe unterscheiden, doch sahen die Leute am Ufer, daß sämtliche Schiffe ihren Ankerhalt verloren hatten und nach allen Richtungen hin- und hergeschleudert wurden; sie hörten auch durch das Heulen des Sturmes einzelne Kommandorufe, und atemlos standen sie da, jeden Augenblick erwartend, daß zwei der Schiffe gegen einander geschleudert, und eins oder auch beide in die Tiefe versinken würden.

Etwas nach fünf Uhr fing es an zu tagen, und das erste Morgengrauen enthüllte ein Schauspiel, wie man es nicht häufig zu sehen bekommt. Die Position der Schiffe hatte sich seit dem Tage vorher vollständig geändert; der starke Nordostwind hatte die sämtlichen Schiffe von ihrem bisherigen Ankerplatz losgerissen und trieb sie dem Riff zu; schwarze Rauchwolken stiegen aus den Schornsteinen auf, ein Beweis, daß man verzweifelte Anstrengungen machte, gegen den Wind anzukämpfen. Die Decks waren voller Menschen, die irgendwo an den Masten oder im Takelwerk einen festen Halt suchten; wie Korkstücke flogen die Schiffe hin und her, bald schien es, als ob sie auf dem Bug ruhten, bald standen sie senkrecht auf dem Stern, so daß die Schrauben frei in der Luft arbeiteten, und im nächsten Augenblicke hatte eine mächtige Welle das Schiff scheinbar vollständig verschlungen. Am deutlichsten zu erkennen waren EBER, ADLER und NIPSIC; sie befanden sich dicht zusammen und waren nur noch wenige Yards von dem Riff entfernt.

Das kleine Kanonenboot EBER machte die verzweifeltsten Anstrengungen, dem Sturme zu trotzen, aber mit jeder Minute trieb es näher an das Riff heran, und sein Schicksal schien besiegelt zu sein. Plötzlich machte es noch einen verzweifelten Vorstoß, die letzte Anstrengung, dem sicheren Verderben zu entgehen; die starke Strömung aber trieb das Schiff nach rechts und traf mit dem Vorderteil die Breitseite der NIPSIC, so daß ein

Boot und ein Teil der Brüstung derselben fortgerissen wurden. Der EBER fiel dann zurück und stieß mit der OLGA zusammen, jedoch ohne daß eines der Schiffe durch diese Kollision erheblich beschädigt wurde. Die beiden Kollisionen schienen indes die Kraft des EBER gebrochen zu haben, und das Schiff absolut unfähig zu sein, noch irgend welchen Widerstand zu leisten. Das Boot drehte sich mit der Breitseite dem Winde zu und trieb dann langsam nach dem Riff hin. Gewaltige Sturzwellen brachen auf das kleine Fahrzeug ein und trieben es unaufhaltsam ins Verderben. In diesem Momente kam eine gewaltige Woge angerollt, der EBER wurde wie ein leichtes Stück Kork auf den Kamm der Woge gehoben und dann mit der Breitseite gegen das Riff geschleudert. Der Krach war entsetzlich, und in wenigen Augenblicken war das ganze Schiff spurlos verschwunden; es hatte mit dem Kiel das Riff getroffen, rollte dann vollständig über die Seite und verschwand im tiefen Wasser. Jeder Balken des Kanonenboots muß durch den Krach zersplittert worden sein, und die meisten der Unglücklichen, die sich an Bord befanden, wurden jedenfalls zermalmt, ohne zu fühlen, daß die Wogen über ihnen zusammenschlugen. Hunderte von Leuten befanden sich zur Zeit auf dem Strande, und vor aller Augen ging das furchtbare Werk der Zerstörung vor sich. Einen Moment standen die Leute da, wie vor Schrecken gelähmt, dann aber klang ein Schrei des Entsetzens von allen Lippen, und wie auf Verabredung stürzten alle, soweit es die tosende Brandung erlaubte, auf die Stelle los, auf welcher der EBER untergegangen war. Die Eingeborenen drangen tollkühn und die brandenden Wellen nicht achtend vor und warteten mit ängstlicher Spannung, ob nicht ein paar der Unglücklichen wieder auftauchen würden. Niemand dachte an den Krieg zwischen Deutschland und Samoa, und niemand kümmerte sich darum, wer Freund oder Feind war. Zuerst schien es, als ob jedes lebende Wesen mit dem Schiffe zu Grunde gegangen sei, und niemand wieder auftauchen würde, aber schließlich sah man doch ein paar Unglückliche mühsam gegen die Brandung an dem Riff ankämpfen.

In dem Augenblick wurde auch ein Mann entdeckt, der sich an den Pfählen einer kleinen Werft festzuklammern suchte; sofort stürzten mehrere Personen darauf los, und kräftige rettende Arme trugen den Unglücklichen ans Ufer. Es war ein junger Mann mit einem hübschen Gesicht, der Offizieruniform trug: der Lieutenant zur See Gaedeke und überhaupt der einzige Offizier vom Eber, der gerettet wurde. Er war halb betäubt und konnte sich gar nicht in seine Lage hineinfinden. Lieutenant T. G. Fillette, der Marineoffizier der Nipsic, der schon seit Monaten das Kommando im amerikanischen Konsulatsgebäude hat, nahm seinen deutschen Kameraden unter den Arm und führte ihn ins amerikanische Konsulat, wo der Schiffbrüchige verpflegt und wieder zum Bewußtsein gebracht wurde; der junge Offizier brach aber fast zusammen, als er das Schicksal seiner Kameraden in seinem vollen Umfange erfuhr. Er hatte sich, als der Eber gegen das Riff geschleudert wurde, auf der Kommando-Brücke befunden, während sämtliche anderen Offiziere unter Deck waren und wahrscheinlich alle zerquetscht worden sind. Bald nachdem, so erzählt der Gerettete, das Boot gesunken war, befand es sich wieder an der Oberfläche des Wassers, und ohne daß er (Gaedeke) selbst im stande gewesen wäre, sich zu rühren, fühlte er, daß er gegen das Ufer hin getrieben wurde, wo er dann auch gerettet wurde. Zur selben Zeit wurden auch noch vier Matrosen, die in der Brandung mit dem Tode rangen, von den Eingeborenen gerettet und ans Ufer gebracht.

Es war gegen sechs Uhr morgens, als der Eber untersank. Während der Aufregung, die diese Katastrophe hervorgerufen, hatte man die anderen Fahrzeuge einen Augenblick aus den Augen gelassen, aber bald überzeugte man sich davon, daß die Lage einzelner derselben inzwischen ebenfalls eine sehr beängstigende geworden war. Der Adler war durch die ganze Bai geschleift worden und war auch mit der Olga in Kollision geraten; jetzt befand sich das Schiff ebenfalls in der Nähe des Riffs, und zwar etwa 200 Schritt westlich von dem Punkte, an welchem der Eber gescheitert war. Ebenso wie der Eber trieb der Adler mit der Breitseite auf das Riff zu; das Schiff wurde auf die oberste Spitze des Riffs geschleudert und legte sich dann vollständig auf die Seite; fast sämtliche Mann auf Deck wurden ins Wasser geschleudert. Glücklicherweise war das Schiff so gefallen, daß es, als es sich auf die Seite legte, vollständig aus dem Wasser heraus-

Das Wrack der EBER *am Strand von Apia*

ragte; das Deck bildete einen rechten Winkel mit der Oberflä-
che des Wassers und war dem Ufer zugekehrt, so daß es also
ziemlich vor der Wut des Sturmes geschützt war; die vielen
Leute, die ins Wasser gestürzt waren, konnten sich also wieder
retten und suchten auf dem jetzt senkrecht stehenden Deck
Schutz. Von den 130 Offizieren und Mannschaften, die sich an
Bord befanden, ertranken zwanzig Mann; alle Offiziere mit
Einschluß des Korvetten-Kapitäns Fritze, des Kommandanten
des deutschen Geschwaders, wurden gerettet. Verschiedene vom
ADLER erhielten jedoch noch schwere oder leichtere Verletzungen, wie z. B. der Kapitän Fritze, der ziemlich schlimm mitgenommen worden ist. Die Eingeborenen brachten es fertig, durch
ein starkes Tau das Deck des ADLER mit dem Ufer zu verbinden,
und mit diesem Tau wurden verschiedene von der Mannschaft
gerettet. Leider riß das Tau bald, und so mußte der Rest der Unglücklichen sich an dem Deck festklammern und den ganzen
Tag sowie die ganze Nacht dort aushalten, bis der Sturm sich so
weit gelegt hatte, daß vom Ufer aus Boote abgesandt werden
konnten. Die Leute waren natürlich vollständig erschöpft, aber
da das Deck durch die Lage des Schiffes vor dem Sturm ge-

121

schützt war, befanden sich die Leute, die auf dem Deck einen Platz gefunden hatten, verhältnismäßig sicher.

Der NIPSIC, der sich bisher auch mit Volldampf gut gegen den Wind gehalten, stieß zweimal mit der OLGA zusammen und bohrte den kleinen Schoner LILY in den Grund, von dessen Mannschaft zwei ertranken und einer sich an Bord der OLGA retten konnte. Beim zweiten Zusammenstoß traf die OLGA den NIPSIC so hart mitschiffs, daß der Rauchfang brach und umfiel. Die Maschine war dann nicht mehr zu gebrauchen, und da der Untergang an derselben gefährlichen Stelle drohte, wo der EBER zu Grunde gegangen war, beschloß der Kommandeur Mullan, sein Schiff auf die Sandbank zu setzen.

Mit Hülfe des Steuerruders und der noch verbleibenden äußerst geringen Dampfkraft steuerte er 100 Yards weit klar am Riff vorbei und lief auf Strand. Beim Aussetzen der Boote schlug eins um, und einige Leute sprangen in ihrer Panik über Bord. Hierbei ertranken sieben Mann, einige andere wurden von den Samoanern gerettet. Der Abstieg von dem von Sturzwellen überschütteten Wrack war ein sehr gefährlicher, aber auch hier halfen die wackern Samoaner. Sie warfen Taue an Bord und fingen die sich Herablassenden auf. Die Kranken trugen sie auf ihren Armen nach dem Konsulat, wo Konsul Blacklock, Dr. Wren und sein Apotheker für die Wiederbelebung der Erschöpften sorgten.

EBER und NIPSIC waren die kleinsten Schiffe der Flotte. Die größeren, TRENTON, CALLIOPE, VANDALIA und OLGA, waren noch flott, aber fast alle Segelschiffe waren gescheitert. Die geretteten Matrosen des NIPSIC hatten die ganze Nacht, ohne etwas zu genießen, gearbeitet, und an Land war weder Frühstück noch Obdach für sie bereit. Die trockenen Kleider, die man ihnen gab, waren gleich wieder vom Regen durchnäßt, und sie stürzten sich daher in die »Saloons«, wo sie sich betranken und Unfug anstifteten. Den ganzen Tag und die nächste Nacht über hatten der Konsul und der wachthabende Lieutenant Fillette ihre liebe Not mit den Leuten.

Um 10 Uhr morgens wurde die CALLIOPE von einer Welle gegen die VANDALIA geschleudert. Der Engländer verlor bei dem Zusammenstoß den Klüverbaum und brach einige Balken, aber der VANDALIA war ein großes Leck in den Spiegel gestoßen, und das Wasser schoß in die Kajüte. Jedermann an Bord der VANDALIA wurde von dem Stoß umgeworfen. Die Leute glaubten ihr Schiff sinkend, und eine Panik brach aus, aber die Gefahr war noch nicht so nahe.

Nach diesem Zusammenstoß beschloß erst Kapitän Kane von der CALLIOPE, den Versuch zu machen, aus dem Hafen zu dampfen. Beim Bleiben sah er den Untergang durch neue Zusammenstöße oder durch Anprallen am Riff vor Augen. Er ließ alle Anker fallen und die gewaltigen Maschinen mit aller Macht arbeiten. Einen Augenblick schien der Dampfer auf dem Fleck still zu stehen, aber allmählich kämpfte er sich gegen die mächtigen Wellen, welche die Decks vom Bug bis zum Spiegel fegten, durch. Als er den TRENTON passierte, brachten dessen 400 Mann ein Hurrah auf den Engländer aus, das von diesem kräftig erwidert wurde.

Die CALLIOPE kam glücklich auf die offene See, obwohl mit Verlust aller ihrer Boote, und kehrte nach dem Sturm wieder zurück.

Die VANDALIA war aber nach dem letzten Zusammenstoß verkrüppelt, Kapitän Shoonmaker war verwundet. Der stellvertretende Kommandeur, Lieutenant Carlin, sah ein, daß die Maschinen des Schiffes nicht stark genug seien, um dem Beispiel der CALLIOPE zu folgen, und daß Wind und Wellen das Schiff rettungslos dem Riff zutrieben. Er suchte daher nur, das Schiff auf Strand zu setzen, was ihm wegen des größeren Tiefgangs seines Schiffes aber nicht so gut gelang wie dem NIPSIC. Die VANDALIA stieß schon 100 Yards vom Ufer und 50 Yards vom NIPSIC hart auf. Dies geschah 11 Uhr vormittags. Eine halbe Stunde darauf entdeckte man, daß das Schiff sich mit Wasser fülle und sinke. Es lag mit der Breitseite gegen Wind und Wellen, und die Leute suchten Zuflucht im Takelwerk. Hülfe vom Ufer zu bringen, war unmöglich. Zwei Samoaner verloren ihr Leben bei dem Versuch, eine Leine an Bord zu bringen. Um 3 Uhr nachmittags war die VANDALIA gesunken, und die Mannschaft hing im Takelwerk, von wo viele von den Wellen fortgerissen wurden, während andere in völliger Erschöpfung selbst losließen. Eine Verbindung wurde erst spät nachmittags durch ein Tau vom Mast der Vandalia nach dem des Nipsic und von da nach dem Lande hergestellt, und auf diesem Wege wurde schließlich, mit Verlust von 43 Mann, die Rettung ins Werk gesetzt.

Der Trenton hatte sich bis dahin auch gut gehalten, aber seit 10 Uhr morgens war ihm der Dampf ausgegangen und das Steuerrad gebrochen. Das Wasser hatte die Kesselfeuer ausgelöscht. Es strömte durch die Kabelluken herein, durch welche die Ankertaue gehen. Die Luken waren fehlerhaft im Mannschaftsdeck angebracht, statt oben im Kanonendeck. Den Versuch, die Luken zu verstopfen, vereitelten Sturm und Wellen. Die Feuerleute unten wichen erst von ihren Posten, als sie bis zur Hüfte im Wasser standen, und die Feuer erloschen waren. Segel wurden nun gesetzt, die der Sturm aber größtenteils in Fetzen riß. Das zur Beruhigung der Wogen reichlich ausgegossene Oel übte in diesem Aufruhr der Elemente gar keine Wirkung aus. Der Trenton trieb hülflos auf die Olga zu. Letztere suchte zu entkommen, ihr Kapitän v. Erhard ließ die Anker fallen und die Maschine arbeiten. Es war zu spät. Dem Trenton wurden die schweren Balken am Hinterteil zerschmettert, und der Olga wurde das Bugspriet entführt. Beim Zusammenstoß fiel die amerikanische Flagge von dem Mast des Trenton herab aufs Deck der Olga.

Beide Schiffe kamen wieder frei, und Kapitän v. Erhard ließ die Olga nach den Schlammbänken im östlichen Teil des Hafens zusteuern. Er hatte beschlossen, die Olga auf Strand zu setzen. Die Maschinen mußten zum äußersten angestrengt werden, nur um die Bank zu erreichen, und bald lag die Olga sicher in dem weichen Schlamm eingebettet. Kein Menschenleben ging verloren, und obwohl die Wellen die ganze Nacht hindurch über sie hinfegten, konnten sie doch nur das Deck überfluten und einige Boote fortreißen.

Der Trenton trieb nach dem Zusammenstoß mit der Olga langsam weiter und strandete gegen 6 Uhr — es war mittlerweile Nacht geworden — dicht neben der Vandalia, auf deren versunkenen Rumpf er noch stieß. Kurz vor dem Auflaufen spielte die Musikkapelle des Trenton noch, wie um ihre Furchtlosigkeit vor dem Tode zu bezeugen, die amerikanische Nationalhymne, das »Sternenbesäete Banner«. VANDALIA und TRENTON lagen so dicht neben einander, daß die Leute aus dem Takelwerk der VANDALIA auf Deck des TRENTON springen konnten. Der TRENTON füllte sich rasch, es blieb aber genug von ihm über Wasser, um den Leuten Sicherheit zu bieten, und obwohl Sturm und Wellen ihm noch bis Mitternacht stark zusetzten, kamen alle Mann mit dem Leben davon.

Das Wrack der ADLER auf dem Riff vor Apia

Offizieller Bericht über den Untergang
S. M. Kanonenboot EBER.

Apia, den 20. März 1889.

An
den Kaiserlichen Korvetten-Kapitän und ältesten Offizier der
Südsee-Station, Ritter mehrerer Orden,
Herrn Fritze
Hochwohlgeboren.

Euer Hochwohlgeboren beehre ich mich über die Strandung
S. M. Kbt. EBER im Hafen von Apia gehorsamst das Folgende zu
berichten:
   Nachdem ich am 15. März morgens 8 Uhr die Wache an
Land abgegeben hatte, kehrte ich an Bord S. M. Kbt. EBER zurück.
   Der Himmel war dicht bewölkt, der Wind kam aus SO-
licher Richtung, begleitet von heftigen Regenböen, der Barometerstand war 747,5 mm. S. M. Kbt. EBER hatte Stängen und Un-
terraaen gestrichen und lag vor beiden Buganckern mit je 100 m
Kette aus, Dampf auf in einem Kessel. Bis 2 Uhr nachmittags
änderte sich nichts, bis auf den Barometerstand. Das Barometer
war bis auf 742,0 gefallen, fing jedoch um 2 Uhr nachmittags
wieder an zu steigen; gleichzeitig sprang der Wind um 8 Strich
nach Backbord und kam nun aus NO-licher Richtung. Nach
dem Schwojen des Schiffes war der Kommandant nach Lage unserer Ankerbojen und nach Lage der amerikanischen Korvette

NIPSIC zu der Ansicht gekommen, daß beide Bugankerketten des EBER einen Törn um den Backbord-Buganker der NIPSIC hätten, und das Kanonenboot nun vor diesem Buganker der NIPSIC zu Anker läge. Um 3 1/2 Uhr nachmittags wurde daher der Steuerbord-Rüstanker mit 45 m Kette fallen gelassen, und beide Bugankerketten so weit gesteckt, daß alle drei Ketten gleichmäßig trugen. Die amerikanische Korvette NIPSIC lag nun etwa 4 Strich an Steuerbord 200 bis 300 m ab.

Der Wind wurde allmählich stärker, und eine immer mehr zunehmende See lief aus nördlicher Richtung in den Hafen herein. Das Barometer stieg schnell und erreichte etwa um 11 1/2 Uhr abends den höchsten Stand 749,2. Inzwischen war NIPSIC etwas getrieben und dadurch dem Kanonenboot näher gekommen.

Der Kommandant ließ daher um 9 1/2 Uhr abends beide Bugankerketten bis auf den Tamp und die Rüstankerkette dementsprechend ausstecken. Beide Bugankerketten wurden in Taustopper gelegt, ausgeschäkelt, und Trossen auf die Tampen gesteckt. Im zweiten Kessel wurde Dampf aufgemacht. NIPSIC dampfte um 10 Uhr abends etwa 200 m nach Backbord voraus und ließ noch einen Anker fallen, so daß sie nun gerade vor S. M. Kbt. EBER lag, etwa 150 m ab.

Um 12 Uhr war im zweiten Kessel Dampf auf; kurz darauf kamen die ersten beiden schweren Seen über, und ging von nun an die Maschine mit, je nach den einsetzenden Böen und ankommenden Seen schneller oder langsamer. Fallreeps und Sturzpforten waren geöffnet, so daß das Wasser, welches zeitweise beinahe 1 Fuß über Deck stand, schnell wieder ablief. Der Wind drehte langsam bis auf NNO und wehte von 12 Uhr an zeitweise mit Stärke 12. Das Barometer fiel; der zuletzt beobachtete Stand um 5 1/4 Uhr vormittags, den 16. März, war 746,0. S. M. Kbt. EBER trieb langsam achteraus und war um 5 Uhr morgens noch 100 m vom Riff entfernt. Kurz nach 5 Uhr wurde zu »Schotten dicht« angeschlagen, da ganz in der Nähe zwei Schiffe, anscheinend S. M. S. OLGA und die amerikanische Korvette NIPSIC, zusammengestoßen waren, und NIPSIC nun in gefahrdrohende Nähe des EBER kam. Nachdem die Schotten geschlossen waren, erhielt ich von dem ersten Offizier den Befehl,

Kette stecken zu lassen, die Taustopper wurden gekappt, und die achtern belegten Trossen unter meiner Aufsicht und Mithilfe vorsichtig gefiert; dabei brach die Backbord-Bugankertroß. Nachdem von den Steuerbord-Ketten etwa 20 m ausgesteckt waren, erhielt ich den Befehl, die Troß festzuhalten und zu belegen. Die Maschine arbeitete mit »Ganze Fahrt« und »Alle Kraft«. Einen Augenblick später stieß das Kanonenboot zum ersten Male mit dem Heck auf das Riff, kam jedoch gleich darauf wieder frei. Ich sprang nach achtern, um mich von dem Vorhandensein des Ruders zu überzeugen, und bemerkte, daß dasselbe unter einem Winkel von 45° zur Vertikalebene geneigt und unter demselben Winkel vom Schiff abstand, also vollkommen unbrauchbar war. Den Verlust des Ruders meldete ich dem Kommandanten. Die Maschine arbeitete mit »Alle Kraft« und brachte das Schiff auf etwa 20 m wieder vom Riff ab. Gleich nach dem ersten Aufstoßen befahl der Kommandant, Kette einzuhieven, doch wurde das Schiff, während die Leute noch das Spill klar machten, zum zweiten Male mit dem Heck und dann mit dem ganzen Backbordachterschiff auf das Riff geworfen. Ein Abkommen war nicht mehr möglich, die Maschine wurde gestoppt. Ein weiteres Kommando erfolgte nicht mehr. S. M. Kbt. EBER holte etwa 30° nach Backbord und 45° nach Steuerbord, dann etwa 45° nach Backbord und über 90° nach Steuerbord, wieder etwa 45° nach Backbord über und ist dann wahrscheinlich nach Steuerbord gekentert. Ich stand während des Vorfalls auf der Kommandobrücke und hielt mich beim Ueberholen des Schiffes an einem Sprachrohr fest, ließ dasselbe jedoch los, als ich zu tief unter Wasser gezogen wurde, und bin dann wahrscheinlich mit der nächsten See über das Schiff hinweg auf das Riff geworfen worden. Ich glaube noch den Kiel des Schiffes gesehen zu haben.

Infolge Aufschlagens meines Kopfes auf das Riff kam ich zur Besinnung und schwamm dem Lande zu, das ich gegen 6 Uhr morgens glücklich erreichte. Von S. M. Kbt. EBER konnte ich von Land aus nichts mehr sehen. Kurz nach mir kamen der Matrose Otto Stein, der Steuermann Jeczawitz und die Matrosen Ehlert und Piehl an Land. Der Bootsmannsmaat Eilart wurde bewußtlos an den Strand geworfen, und gelang es mir trotz eifrigster Bemühungen nicht mehr, denselben ins Leben zurückzurufen. Fünf andere Leute der Besatzung S. M. Kbt. Eber, nämlich der Meistersmaat B a s s e n d o w s k i, der Matrose B r o s t, die Oberheizer H e n k e l s und T h i e l e und der Heizer B o l d t waren während der Nacht an Land gewesen, so daß im Ganzen 10 Mann der Besatzung gerettet sind.

Am 16. März habe ich um 10 Uhr vormittags ein Stück vom Hinterschiff des Eber mit einem Pivot für Revolverkanonen in der Nähe des Landes treiben sehen, und am 17. März ist ein Teil des Vorschiffes mit dem Vorsteven an den Strand geworfen; im übrigen habe ich von dem Kanonenboot nichts mehr gesehen.

Gaedeke, Lieutenant zur See.

Die Toten von S. M. Kbt. Eber.

Kommandant Kapitän-Lieutnant **Wallis**.
Lieutnant zur See **Eckardt**.
       "   "   "   **von Ernsthausen**.
Assistenzarzt I. Kl. Dr. **Machenhauer**.
Zahlmeister **Kunze**.
Obermaschinist Theodor Teuber aus Kummelwitz, Kr.
  Münsterberg i. Schl.
Maschinist Ernst Schoodt aus Stralsund.
      "   Otto Hoenemann aus Berlin.
Maschinistenmaat Adolf Dietrich aus Marienburg. W.-Pr.
      "   Boleslaw v. Kukowsky.
Zahlmeister-Applikant Carl Bunnics aus Wüstenfelde
  (Kreis Oldenburg).
Oberfeuerwerksmaat Gerhard Klee aus Köln a. Rh.
Oberbootsmannsmaat Johannes Dohrmann aus Danzig.
Feuermannsmaat Wilhelm Jordan aus Estedt
  (Kr. Gardelegen).
      "   Gustav Bahr aus Schwedt
  (Kr. Angermünde).
Bootsmannsmaat Franz Pusch aus Dirschau.
      "   Otto Lammert aus Berlin.
      "   Karl Eilart.
Steuermannsmaat Albert Moldenhauer aus Rathenow
  (Kr. Westhavelland).
Obermatrose Heinrich Noack aus Frankenberg
  (Königreich Sachsen).
      "   Emil Rohde aus Gewiesen
  (Kr. Rummelsburg).
      "   Wilhelm Bergmann aus Schöneberg
  (Kr. Schlawe).
      "   Georg Sinner aus Klockenhagen
  (Meckl.-Schwerin).
      "   Gustav Molzow.

Obermatrose G u s t a v B a t h g e aus Pantow (Rügen).

»   H e l l m u t h S t e i n aus Wolfshorst
(Kr. Randow).

»   A d o l p h T h a m m aus Gransee

(am. 1. 3. 89 zum Obermatrosen befördert.)

Hoboist R u d o l f M o h r aus Gelnitz (Kr. Prenzlau).

Matrosen:

H e i n r i c h J o s t aus Groß-Garde (Kr. Stolp).

M a r t i n K u s a b s aus Jodekrandt (Kr. Heydekrug).

J u l i u s N a g r a c z u s.

K a r l B u r m e i s t e r aus Lütjenburg (Kr. Plön).

G e o r g B r a a s c h aus Schwerin i. M.

G e o r g D e l p aus Eberstadt (Kr. Darmstadt).

G e o r g S c h a r f aus Tönning (Kr. Eiderstedt).

H e r m a n n K l u c k aus Kluckau (Kr. Stolp).

H e i n r i c h F a b r i c i u s aus Neuendorf (Kr. Marienburg).

J e n s K i a u p s aus Schmelz (Kr. Memel).

A d o l f J a n s e n aus Apenrade.

C h r i s t i a n B a l k e aus Stehlingen (Kr. Neustadt, Provinz
Hannover).

A l b e r t J a h n k e aus Klausdorf (Kr. Dramburg).

E d u a r d J a c o b aus Danzig.

J o h a n n K e i t e l aus Pritter (Kr. Usedom).

E r i c h L e p p k e aus Baraniec (Kr. Straßburg i. W.-Pr.).

W i l h e l m v o n M a l a c h i n s k i aus Neufahrwasser
(Kr. Danzig).

J o h a n n M a n h o l d aus Krakau (Kr. Danzig).

M a r t i n N o r c k aus Groß-Garde (Kr. Stolp).

A u g u s t O l d e n b u r g aus Rostock.

W i l h e l m V a n d r e y aus Misdroy (Kr. Usedom).

P e t e r R e b a h n aus Neu-Lang-Horst (Kr. Elbing).

A u g u s t W o l s c h o w.

A u g u s t P u l o w aus Loddin (Kr. Usedom).

F e r d i n a n d K e y e r aus Fischhausen.

F r a n z L e w a n d o w s k i aus Kulm.

J o h a n n e s G r o ß aus Danzig.

Oberheizer E m i l M e t z e n t i e n aus Hoboken bei Newyork.

Oberheizer A u g u s t A r n e m a n n aus Alfeld
   (Kr. Marienburg in Hannover).
      " K a r l W e n t z i e n aus Dobberan.
      " T h e o d o r T i c k II. aus Geestemünde.
      " H e r m a n n L i n k e II. aus Damm
   (Kr. Jüterbog).
Heizer A u g u s t E n g e l aus Steinfeld (Kr. Stormarn).
   " H e r m a n n W i t t aus Kiel.
   " B r u n o M i c h e l aus Zittau.
   " E w a l d P a h l o w aus Pölitz (Kr. Randow).
   " K a r l K u s w e d e aus Düben (Kr. Bitterfeld).
   " G e o r g J o h n aus Wongrowitz.
Materialienverwaltersmaat K a r l M ü l l e r aus Berlin.
Lazarettgehülfe A n t o n M a f f r y aus Meppen (Kr. Meppen).
Schreiber O t t o S a g e r t aus Rügenwalde (Kr. Schlawe).
Oberbäckersgast D a n i e l W e y h e r aus Leutersdorf
   (Kr. Neuwied).
Oberschuhmachersgast A u g u s t M ü l l e r II. aus Stuben
   (Kr. Wohlau).
Schneidersgast H e i n r i c h U h r h a m m e r
   aus Dorotheenthal (Kr. Kiel).

Am Schlusse des Buches mögen die Worte unseres Kaisers Aufnahme finden, welche im Marine-Verordnungsblatt vom 3. April 1889 veröffentlicht worden sind:

Ein verheerender Orkan hat Meinen bei den Samoa-Inseln stationierten Schiffen und Fahrzeugen schwere Verluste zugefügt. Der Kreuzer ADLER und das Kanonenboot EBER sind mit Teilen ihrer Besatzungen gesunken, die Korvette OLGA ist auf Strand geraten und hat schwere Beschädigungen erlitten. Mit Meiner Marine beklage Ich den durch die unerforschliche Fügung Gottes über dieselbe verhängten Verlust an vielen Offizieren und Mannschaften tief. Er bewegt Mich um so schmerzlicher, als Ich aus den Vorgängen bei Apia am 18. Dezember v. Js. weiß, daß Ich brave, unerschrockene Männer verloren habe, welche ihr Leben in treuer Pflichterfüllung für Kaiser und Reich voll eingesetzt hatten. So erschütternd aber auch die Folgen des alles verheerenden und vernichtenden Orkans gewesen sind, so erwarte Ich von Meiner Marine, daß sie durch solche Unglücksfälle sich nicht an dem Vertrauen zu ihrer gedeihlichen Entwickelung wird erschüttern lassen. Möge das Beispiel der für ihren Kaiser und ihr Vaterland bis zum letzten Augenblick treu ihre Pflicht erfüllenden Dahingeschiedenen Meiner Marine für alle Zeiten zum Nacheifern voranleuchten und sie dadurch befähigen, ihre vielfachen Aufgaben zum Heile und zur Erhöhung des Ruhmes des Vaterlandes mit dem Geiste der Hingabe und Treue, der sie so hoch auszeichnet, auch ferner zu erfüllen. — Sie haben diesen Meinen Erlaß zur Kenntnis Meiner Marine zu bringen.

Berlin, den 2. April 1889.   Wilhelm.
An den Vize-Admiral Frhrn. v. d. Goltz,
kommandierenden Admiral der Marine.

Anhang.

Am Vormittag des 15. Februar 1887 fand auf der Kaiserlichen Werft zu Kiel der Stapellauf des Kanonenbootes »Ersatz ALBATROSS« statt. Zu dieser Feierlichkeit war der Festplatz mit Flaggen und Wimpeln reich geschmückt. Das Offizier-Korps, die Beamten mit Angehörigen sowie die Spitzen der Marine waren dazu erschienen, das Seebataillon hatte eine Ehrenwache von 1 Offizier und 30 Rotten gestellt. Gegen 11 Uhr bestieg der Chef der Marine-Station der Ostsee, Vize-Admiral von Wickede, welcher beauftragt war, die Taufe zu vollziehen, die vor dem Bug errichtete Tribüne und sprach folgende Worte:

M. H. Wir begrüßen in diesem Neubau nicht so sehr einen Zuwachs der Kaiserlichen Marine als vielmehr einen hübschen Ersatz für ein älteres, später auszurangierendes Schiffchen derselben. In gewisser Beziehung hoffen wir aber dennoch, daß es ein Zuwachs unserer Streitkräfte zur See sein wird, indem in demselben viele der Neuerungen zum Ausdruck gelangen sollen, welche die Fortschritte in der Technik und die Forderungen des modernen See-Kriegswesens bedingen. Kurz ist leider nur das Lebensalter eines Kriegsschiffes unserer Tage, selbst wenn es nicht den Wirkungen feindlicher Waffen ausgesetzt gewesen ist. Die ihm stets feindlichen Elemente, Wetter, Temperatur und Seegang, beginnen ihren zerstörenden Einfluß gleich am Tage des Stapellaufs, und hierzu tritt der Zerstörungsprozeß, die Anstrengungen, welche sein Verband durch den eigenen Motor erleidet, und je mehr wir das Schiff benutzen, desto schneller wird es naturgemäß seinem Ende entgegengeführt. S. M. Kreuzer

134

ALBATROSS hat niemals unter feindlichen Geschossen zu leiden gehabt, aber viele und anstrengende Dienste hat derselbe uns geleistet und leistet sie auch heute noch. Möge dieser schmucke Neubau, Ersatz für ALBATROSS, eine glückliche Verbindung von Holz- und Eisen-Konstruktion, durch eine lange Lebensdauer Zeugnis ablegen von der Solidität Kaiserlicher Werft-Arbeit! Mögen aber auch die Veränderungen, welche ihn von seinem Vorgänger unterscheiden, es zu einem ebenso guten Seeschiff, wie zu einer schneidigen Waffe in der Hand eines geschickten Führers machen! Möge es, wie gesagt, den ihm feindlichen Einflüssen von Wind und Wetter und den ihm sonst drohenden Gefahren einen ebenso ausdauernden Widerstand entgegensetzen, wie wir erwarten, daß seine Besatzung mit deutscher Ausdauer, voll Kraft und Trotz, bis zum letzten Atemzuge sich dem Feinde entgegenstellen wird!

Scharf und gefährlich, wie die Waffen des kräftigen Tieres unserer Wälder, von welchem sein Name entlehnt werden soll, mögen sich auch zur Stunde des Kampfes seine Waffen erweisen!

Und so taufe ich dies Schiff auf Allerhöchsten Befehl Seiner Majestät des Kaisers EBER.

Gleite glücklich ins Wasser, EBER, und trage Deutschlands Flagge in Ehren in den entferntesten Weltteilen, solange Deine Planken zusammenhalten!

Nach diesen Worten zerschellte der Admiral die Flasche deutschen Schaumweins an dem Bug des damit getauften Schiffes und glitt es glatt von der Helling.

S. M. Kbt. EBER hat die an dasselbe gestellten Erwartungen nach besten Kräften zu erfüllen gesucht. Scharf und gefährlich, wie es in der Taufrede heißt, haben sich seine Waffen in den Kämpfen mit den Eingeborenen der Südsee-Inseln erwiesen, und so lange seine Planken zusammengehalten haben, war seine Besatzung tapfer auf dem Posten, im Dienste des Vaterlandes, fern von der Heimat.

Wenn die Lebensdauer des Schiffes trotzdem nur eine kurze gewesen ist, und dasselbe am 16. März 1889 im furchtbaren Sturme bei Samoa seinen Untergang gefunden, so giebt uns dieses Ereignis wieder ein Zeugnis, daß menschliches Werk und menschliche Kraft, verbunden mit der treuesten Pflichterfüllung unserer braven deutschen Seeleute, dennoch oft gewaltigen Naturelementen weichen und unterliegen muß.

Den tapferen Seeleuten,
die beim Untergang des ADLER und EBER bei Samoa am
16. März 1889 ums Leben kamen.

Es brauset der Sturm, – es ächzet das Schiff,
Wild branden die Wogen am Felsenriff,
Der eiserne Bau in den Fugen bebt,
Wie der Sturm die mächtigen Flügel schlägt.
    Christ Kyrie,
    Komm zu uns auf die See.

Es splittert der Mast, die Kette zerreißt,
In rasenden Wirbeln das Wasser kreist.
Aufwühlet der Sturm das Meer bis zum Grund.
Ein offenes Grab – ein gähnender Schlund.
    Christ Kyrie,
    Komm zu uns auf die See.

Da hebt eine Woge das kämpfende Schiff –
Allmächtiger Vater, erbarme dich.
Lebt wohl, ihr Lieben, am heimischen Strand,
Wir sterben fürs teure Vaterland.
    Christ Kyrie,
    Komm zu uns auf die See.

Herbei! – Ach, sie alle sanken hinab
In das tiefe, wogende Wellengrab.
Doch Jesu Hände in Sturm und in Not,
Sie tragen hindurch, auch mitten im Tod.
    Christ Kyrie,
    Du bist auch auf der See.   S. N.
        Berliner Evangel. Sonntagsblatt vom 21. April 1889.

Mütterleins Traum.

Das Mütterlein sitzet am Fenster und spinnt,
Es rauscht in den schattigen Bäumen der Wind,
Es ziehen am Himmel die Wolken daher,
»Grüß Gott Dich, mein Sohn, auf dem weiten Meer.«
 Wenn drüben die Aepfel sich röten am Baum,
 Drei Monde, drei kurze, nur sind es noch kaum,
 Dann kommt er nach Hause zu Mütterlein;
 Welch stattlicher Seemann wohl mag er sein!

Es ticket und ticket die Uhr an der Wand,
Der Faden entsinket der fleißigen Hand,
Es wehet durchs Fenster so schwül und so heiß —
Am Rocken entschlummert das Mütterlein leis.
 »Grüß Gott Dich, mein Sohn! Von dem weiten Meer
 Kommst Du schon heute zur Mutter daher?
 Willkommen, willkommen, mein Sohn, zu Haus,
 Nun ruh' von dem Wege, dem weiten, Dich aus.

Doch wie ist die Wange, die rote, erbleicht,
Und das blonde Gelock so kühl und feucht,
O, mein Sohn, wie ist so kalt Deine Hand,«
— — — da schlägt dumpf rollend die Uhr an der Wand.
 Das Mütterlein weckt ihr drönender Klang,
 »Wie hab' ich geträumt, geträumt doch so lang,
 Mein Sohn, mein Sohn auf dem weiten Meer,
 Wie ist mir um Dich das Herz so schwer.« —

Auf dem weiten, wogenden Meer zur Stund',
Da sinket ein stolzes Schiff in den Grund,
Ein blühender Jüngling schaut nach dem Strand:
»Ich seh' dich nicht wieder, mein Vaterland.«
 Da reißt's in die Tiefe ihn jäh hinab,
 Er winkt empor aus dem brausenden Grab:
 »Ade, o du traute Heimat mein,
 Wer sorgt nun für Dich, mein Mütterlein?«

Neue deutsche Dichterhalle.

Um Samoa!

Ein schütternder Stoß — ein Donnergekrach —
Ein Brausen und Aechzen und Beben —
Dann dumpfes Schweigen — — im Grunde jach
Ruht all das blühende Leben! — —

Nun tröste dich Gott, du Mutterherz,
Daheim in der einsamen Kammer;
Daß du nicht brichst im brennenden Schmerz,
In deinem sehnenden Jammer!

Nun sinne in Aengsten: ob »Er« dabei?!
Nun hör' im Geist von den Lippen,
Den bleichen, hallen den Todesschrei
An die ehern starrenden Klippen!

In schlafloser Nacht, du trauernde Frau,
Starr' immer nur in die feuchten,
Die brechenden Augen, so treu und blau —
Schau' immer ihr letztes Leuchten!

Und hast du geharrt aufs entscheidende Wort,
Die Hände wund gerungen,
Und ist nun zu dir auch vom fernen Port
Die schlimmste Kunde gedrungen,

Und ist dein Schmerz so bitter und wild,
Daß du's nicht vermeinst zu tragen,
Dann lerne vor Kaiser Friedrichs Bild:
Zu leiden, ohne zu klagen.

R. Schmidt-Cabanis.

Die Toten von Samoa.

O klagt nicht, da so sanft wir ruh'n
Im Schoß des Ozeanes,
Hinabgerissen vom Taifun,
Den Wirbeln des Orkanes.
Und hielten wir auch nicht die Wacht
Am Rhein mit blanker Wehre,
War's auch kein Kampf in offner Schlacht
Für deutschen Herdes Ehre,

Sind wir auch nicht, das Schwert zur Hand,
Feind gegen Feind gefallen:
Wir starben doch fürs Vaterland
Am Riffe der Korallen.
Gern hätten wir die Brust gekühlt,
Vertrau'nd dem Schlachtenglücke,
Eh' uns die Flut hinabgespült
In mitternächt'ger Tücke.

Ruft Kaiser Wilhelm einst sein Heer
Zum ewigen Appelle,
Zieh'n wir im feuchten Kleid einher,
Benetzt vom Schaum der Welle.
Wir schließen uns dem Reigen an
Der bleichen Heldenscharen,
Vorüberschreitend Mann für Mann
In triefend nassen Haaren.

Mit Streitern von dem Strand des Rheins,
Von Metz, von Gravelotte,
Herwallen schimmernden Gebeins
Die Toten von der Flotte.
Nun schlummern wir in stiller Rast
Im tiefen Ozeane.
Auf Meeresgrund noch wogt vom Mast
Des deutschen Reiches Fahne!

Deutsches Dichterheim.   Heinrich Bierordt.

Deutschland und Samoa:
Eine kurze Geschichte

Die Kolonialpolitik ist nur ein Zweig der Weltpolitik, die das Deutsche Reich zum Schutz seiner kontinentalen Stellung verfolgen muß. Die Zeit ist vorüber, da das deutsche Spießbürgertum vergessen durfte, was draußen in der Welt vorgeht.

Kaiser Wilhelm II. 1896
vor der deutschen Kolonialgesellschaft

Im Grunde genommen ist das Wesen aller Kolonialpolitik die Ausbeutung einer fremden Bevölkerung in höchster Potenz ... Und das treibende Motiv ist immer nur Gold, Gold und wieder nur Gold.

August Bebel am 26. Januar 1899
vor dem Deutschen Reichstag

Es ist nicht wahr, daß es gute Kolonialherren gäbe und andere, die böse sind — es gibt Kolonialherren, das ist alles.

Jean-Paul Sartre, 1948

Samoa, das »Reich des Moa«, eines Königsgeschlechts, das zu Beginn der samoanischen Geschichte die polynesische Inselgruppe beherrschte, übte seit jeher einen magischen Reiz auf zivilisationsmüde Europäer aus. Der englische Erzähler und Dramatiker Somerset Maugham beschreibt den Stillen Ozean als *unbeständig und wunderbar wie die Seele des Menschen.* Auch Adalbert von Chamisso, Jack London, Joseph Conrad und Jan de Hartog priesen überschwenglich die faszinierende Schönheit dieser Inselwelt. Der schottische Dichter Robert Louis Stevenson, u.a. Verfasser der »Schatzinsel«, kaufte 1887 eine Plantage auf Samoa und schrieb dort seine letzten Bücher.

Das friedliche Bild kann aber trügen, liegt die Inselgruppe doch am Rande der Zyklonbahnen. Besonders in den Jahren

1889 und 1966 richteten Wirbelstürme verheerende Schäden an.

Die Spuren deutschstämmiger Seeleute lassen sich bis zur Entdeckung der 3029 km^2 großen Samoa-Inseln im Jahre 1722 durch den holländischen Seefahrer Jakob Roggeveen zurückverfolgen. Im Auftrag der Holländisch-Westindischen-Kompagnie sollte er den Pazifik erforschen. Kommandant der Miliz auf seinem Flaggschiff ARENO war der aus Mecklenburg gebürtige Karl Friedrich Behrens. In seinen Aufzeichnungen beschreibt er die Bewohner:

Diss waren die hübschesten und allerartigsten Menschen, welche ich noch in der ganzen Südsee gesehen, welche uns sehr angenehm in ihrem Umgang schienen: Denn bey unserer Ankunfft waren sie dermassen mit uns zufrieden, als wenn Götter bey ihnen angekommen wären; alleine bey unserem Abschied stellten sie sich sehr betrübt.

Im 19. Jahrhundert begann die Missionierung der Eingeborenen, wie man das damals zu nennen pflegte. Der amerikanische Kapitän E. C. Wilkes schloß 1839 ein Handelsabkommen mit den Königen der Eingeborenen. Mitte des Jahrhunderts waren es dann hanseatische Kaufleute, die in der Südsee die Voraussetzungen späteren Kolonialerwerbs schufen. Das 1766 gegründete Hamburger Haus Johann Cesar Godeffroy & Sohn errichtete Handelsstationen auf den Tuamotu-Inseln, auf Tahiti und wenig später auf Samoa. Nach Ankauf eines Teiles der Hauptinsel Upolu begann, nach dem Anlegen eigener Plantagen, ein schwunghafter Koprahandel. Eine revolutionäre Entdeckung vervielfachte den Gewinn des Hauses Godeffroy: War zuvor das leicht verderbliche, vor Ort ausgepreßte Palmöl nach Europa verschifft worden, ließ man nun das Fleisch der Kokosnuß an der Oberfläche trocknen und behielt damit die wertvolle Flüssigkeit im Inneren der Frucht.

Von seiner weißen Villa in der Hamburger Elbchaussee herrschte J. C. Godeffroy über eine Inselwelt, wobei die Niederlassungen bis zu 9000 Kilometer auseinanderlagen. Eine Flotte von 29 großen und rund 100 kleinen Schiffen diente dem Verkehr zwischen Apia, den anderen pazifischen Niederlassungen und dem Heimathafen Hamburg. Man tauschte Nägel und Metallwerkzeug gegen Trepang (Seegurken), Schildpatt, Perlen und Kopra. Über Dreiviertel des gesamten samoanischen Handels fand schließlich unter hamburgischer Flagge statt. Der amerikanische Bürgerkrieg (1861—1865) führte auf dem Weltmarkt zu einem Mangel an Baumwolle. Zwischen den Kokospalmen pflanzten die Godeffroys nun Baumwolle.

Wer aber produzierte die begehrten Handelswaren? Unter deutscher Anleitung legten Samoaner und angeworbene Arbeitskräfte benachbarter Inseln die Plantagen an. Mit schriftlichen Kontrakten verpflichtete man die Eingeborenen für die Dauer von drei bis fünf Jahren zu einer täglichen Arbeitszeit von neun Stunden. Dafür gewährte man ihnen Kost und Logis, Dinge, die sie zuvor auch ohne Arbeit gehabt hatten. Ihr Lohn lag zwischen einem und zwei Dollar monatlich. Dafür konnten sie sich Sachen kaufen, die ihnen wiederum von ihren »Handelspartnern« angeboten wurden, deren Nutzen aber häufig zweifelhaft war. Die Sittlichkeitsprediger der Missionen drängten sie zum Anlegen von Kleidern, eine Maßnahme, die ihrer Gesundheit allerdings nur abträglich war. Besonders nach dem Fischfang verhinderten die nassen Lappen im Passatwind das schnelle Trocknen des sonst nackten und eingeölten Körpers und verursachten schwere Neuralgien und Erkältungen. Die ärztliche Versorgung war zwar kostenfrei, aber nicht uneigennützig, diente sie doch in erster Linie der Erhaltung der samoanischen Arbeitskräfte.

Nach der Reichsgründung 1871 bedrängten die deutschen Kaufleute die Regierung, ihre Handelsniederlassungen besser zu schützen. Ihre Interessen sahen sie durch Übernahme der Gebiete als Kolonie am sichersten gewahrt. Der Zusammenbruch des Hauses Godeffroy als Folge mißglückter Minenspekulationen 1879 ersparte Bismarck zunächst noch die unangenehme Entscheidung, doch auch die Nachfolgegesellschaft drang auf eine Lösung der Sicherheitsprobleme.

1839 gab es in Apia einen englischen und einen amerikanischen Konsul. Nach Errichtung des Godeffroyschen Handelshauses auf Samoa wurde dessen Leiter Unsheld Hamburgischer Konsul. Ab 1868 vertrat er die Interessen des Norddeutschen Bundes, ab 1872 die des Deutschen Reiches. Nach seinem Tode wurde der erst 20jährige Theodor Weber als Nachfolger eingesetzt. Mit großem Argwohn betrachteten die drei Konsuln die jeweiligen Machtbestrebungen, ging es doch darum, den Einfluß ihrer eigenen Häuser zu fördern und zu vergrößern. Das Deutsche Reich schloß 1877 mit den Inseln einen Handels- und Freundschaftsvertrag, der aber durch Einflußnahme der konkurrierenden Mächte bald gebrochen wurde.

Die Besetzung zweier Häfen auf der Insel Upolu war die Antwort Deutschlands. Ein weiterer Vertrag von 1879 erklärte Apia zum neutralen Gebiet und stellte es unter den »Schutz« der drei Konsuln. Im März 1881 wurde Malietoa als König ausgerufen und von den drei Mächten anerkannt. Bald darauf hielt er sich jedoch nicht mehr an die mit Deutschland vereinbarten Verträge und Zugeständnisse. Konsul Stübel hißte die deutsche Flagge in Mulinum, und Mannschaften des Kanonenbootes Albatross entfernten die Fahne Malietoas im neutralen Apiagebiet. Zur Durchsetzung der deutschen Interessen schickte die Kaiserliche Marine einen kleinen Verband nach Apia.

Dies wiederum veranlaßte die Amerikaner, ihre und Malietoas Flagge im neutralen Apia zu setzen. Der deutsche Konsul Becker beantwortete die Geste mit der Gefangensetzung Malietoas und ließ ihn von einem Kriegsschiff auf die Marshall-Inseln bringen. Seine Rechte übergab Malietoa beim Abschied an Mataafa, der den Amerikanern wohlgesonnen war. Durch deutschen Einfluß wurde der jedoch wieder abgewählt und durch König Tamasese ersetzt, dem als Berater ein bayerischer Hauptmann a.D. namens Brandeis beigegeben war.

Das wechselhafte Intrigenspiel der drei »Schutzmächte«, die sich der eingeborenen Häuptlinge als Marionetten bedienten, konnte Samoa keine Ruhe bringen. Unterstützt durch die Amerikaner, sammelte Mataafa seinen und Malietoas Anhang, um Tamasese zu stürzen. Am 9. September 1888 wurde Mataafa zum König Malietoa II. ausgerufen. Tamasese verschanzte sich auf der Halbinsel Matiananu, während Mataafa ein befestigtes Lager in der Hauptstadt Apia anlegte.

Nachdem die Anhänger Mataafas Pflanzungen deutscher Niederlassungen geplündert hatten, bat Konsul Knappe das deutsche Geschwader, das damals aus dem Kanonenboot Eber und der Kreuzerkorvette Olga bestand, die Samoaner zu entwaffnen. Die Deutschen landeten 150 Mann, denen aber am 18. Dezember 1888 bei Vailele von zahlenmäßig weit überlegenen samoanischen Kampfgruppen unter Führung eines amerikanischen Offiziers eine schwere Niederlage zugefügt wurde. Sechzehn Tote und sechsunddreißig Verwundete war die traurige Bilanz dieses Gefechtes.

Plünderungen deutscher Plantagen und der Brand des Konsulates in der Nacht vom 8. zum 9. Januar 1889 veranlaßten den Konsul letztlich, den Kriegszustand für die Insel zu erklären. Der englische und der amerikanische Konsul erwiderten diese Maßnahme mit einer Gegenproklamation. Im Hafen von Apia war inzwischen als drittes deutsches Kriegsschiff das Kanonenboot ADLER eingelaufen. Die Amerikaner verfügten zu diesem Zeitpunkt über zwei Kriegsschiffe, die Schrauben-Sloop VANDALIA und die Fregatte TRENTON. Die Engländer waren mit der starkbewaffneten Korvette CALLIOPE vertreten.

In dieser Situation der sich zuspitzenden politischen Ereignisse wurde den beteiligten Mächten die Entscheidung von einer höheren Macht abgenommen. Ein Wirbelsturm, der unter dem Namen Calliope-Taifun in die Geschichte der maritimen Meteorologie eingehen sollte, brach am Abend des 18. März los und zeigte, daß die Naturgewalten letztlich alle menschlichen Pläne zerstören können.

In einem zeitgenössischen Bericht heißt es:

Das Pfeifen und Heulen des Orkans, das Brüllen und Rumoren der bergehoch anrennenden Wogen, deren zu Schaum und Gischt explodierenden Brandungsseen mehrere hundert Meter landeinwärts über den Strand hinwegtoben, die verbiegen, zerbrechen, zertrümmern, wo immer sie von Palmen, Hütten und Häusern behindert werden. Dann die pechschwarze Finsternis, aus der heraus das Weiß der Brandungswirbel herausleuchtet. Und draußen in dem ungeschützten, reedeähnlichen Hafen vor Anker die Schiffe. Kein Licht kann hier brennend gehalten werden. Eine Verständigung der Schiffe untereinander ist unmöglich. Selbst an Bord ist sie kaum möglich, denn jedes Kommandowort zerreißt der Orkan. Die von der See und dem Orkanwind wie Ratten von Hunden gebeutelten Schiffe schleppen schwer an ihren Ankern.

Keiner der Kommandanten kennt seine Lage mehr, denn zu der rabenschwarzen Finsternis kommt noch der nebelhafte Gischt. An eine gegenseitige Hilfe ist nicht zu denken. Die Besatzungen der vom Taifun überfallenen Schiffe sind nur noch auf die eigene Rettung bedacht. Sie sind praktisch hilflos den Elementen preisgegeben. Und mehr Dampf für eine Fahrt gegenan aufzumachen, ist fast schon lebensgefährlich, denn die wilden Bewegungen des Schiffes reißen den Männern vor den Kesseln die Beine unter den Körpern weg oder schleudern sie wie Geschosse in die Ecke des Heizraums. Einzige reale Hoffnung ist ein Abflauen der Windstärken, ein Abebben der wilden See. Dabei nimmt die Gewalt des Taifuns gegen Morgen noch immer zu. Die Anker brechen aus dem Grund, oder die Ketten reißen. Die Schiffe treiben auf die Riffe und den Strand zu. Als der Tag die Nacht verdrängt, wird das Ausmaß der Katastrophe deutlich:

Der Kreuzer ADLER, der erst vor fünf Jahren bei Schichau in Westpreußen als Kanonenboot vom Stapel gelaufene Neubau, ist nach vergeblichem Kampf mit der Wut der Elemente von einer besonders hochlaufenden, sich aufstellenden See sozusagen »mühelos« auf das Korallenriff geschleudert worden. Ihr Kommandant, seit Juli 1888 ist es Korvettenkapitän Fritze, hatte als dienstältester Offizier des deutschen Geschwaders bei Aufkommen des Sturms entschieden, die Zyklone über dem Samoa-Inselbereich auf der Reede vor dem Hafen von Apia abzuwettern. Er wollte auf keinen Fall den durch seine Korallenriffe gefährdeten Platz verlassen, um dem Unwetter in freier See entgegenzutreten, außerdem fürchtete er darüber hinaus für seine deutschen Landsleute im Raum Apia. Bei Abwesenheit des Geschwaders glaubte er aus Kenntnis der Lage, in der Tat Grund genug zur Sorge zu haben, daß diese Männer sonst schutzlos der Willkür der aufsässigen Eingeborenen ausgesetzt sein würden.

Als erfahrener Seemann befahl er, daß sich die ADLER, die EBER und die OLGA auf eine Verschlechterung der Wetterlage vorbereiten sollten. Die Anzeichen sahen nicht gut aus, es sprach einiges dafür, daß sich aus dem bereits handfesten Sturm ein böser Orkan entwickeln könnte. Bleiben wir auf der ADLER, auf der die Rahen und Stengen an Deck gegeben wurden. Bei dem bereits herrschenden Seegang eine respektable seemännische Leistung. Und er befahl sicherheitshalber »Dampf auf alle Kessel«, was natürlich seine Zeit brauchte und wahrscheinlich, weil offenkundig Prophylaxe, nicht mit dem notwendigen Aufwand für eine Höchstleistung betrieben wurde. Schließlich waren Dampfkessel um diese Zeitphase ein permanentes Problem. Man ließ die Bug- und die Heckanker fallen. Und steckte soviel Kette wie nur möglich nach.

Der Sturm wurde zunehmend noch stärker. Gegen Mitternacht tobte er in der vollen Orkanstärke eines tropischen Wirbelsturms. Das Schiff wehrte sich tapfer. Die Besatzung, die sich auf das Sturmdeck in die Nähe der Boote zurückgezogen hatte, hielt sich nicht minder tapfer — trotz der Verletzungen des einen oder anderen.

Gegen 04.00 Uhr früh brachen die Ankerketten. Die ADLER *kam ins Treiben. Der Kommandant — inzwischen schwer verletzt — hoffte, noch ein Boot zu Wasser zu bringen. Das aber glückte nicht. Der stabile Kutter wurde von der See an der Bordwand zerschlagen. 05.30 Uhr gab Korvettenkapitän Fritze den Befehl, unter allen Kesseln die Feuer zu löschen. Seemännische Umsicht und Vorsicht zeichnete ihn trotz seiner Schmerzen aus. Nur wenig später kam, was der Kommandant unabwendbar voraussah: Eine riesige See, ein weißspurig zerfaserter Berg aus Wasser, ein Karwentsmann, wie ihn die Seeleute zu nennen pflegen — und fürchten —, schleuderte das über 1000 Tonnen schwere Schiff breitseits in das Korallenriff, um 90 Grad gekentert, wurde der Rumpf wie von einer Titanenfaust fest in den Grund gerammt. Die Besatzung rettete sich, soweit sie überlebte, hinter die steil aufragende Bordwand, die den Männern einigermaßen Schutz vor den wilden Brandungsseen bot.*

Mit dem ersten sich schnell ausbreitenden Tageslicht waren auch Retter zur Stelle: Samoaner, die mit Tampen, in seetüchtigen Eingeborenenbooten, aber auch mutig schwimmend an Land holten, wer überlebt hatte. Bis auf 20, die am 16. März 1889 den Tod fanden. So geschehen auf 13° 49' Südbreite und 171° 46' Westlänge. Nicht minder verhängnisvoll erging es dem erst 1887 in Kiel vom Stapel gelaufenen Kanonenboot EBER, *das im Dezember 1888 bei der Verstärkung des Landungskorps der* ADLER *im Kampf mit den eingeborenen Samoanern die schwersten Verluste hatte und das kurz vorher noch Meldungen über den Verlauf des opferreichen Gefechts der Kaiserlichen Marine nach Auckland (Neuseeland) zur Weiterleitung an die Admiralität gebracht hatte. Die* EBER *wehrte sich mit voll laufender Maschine vor drei Ankern liegend zunächst erfolgreich gegen Sturm und Wellen, obwohl es zu Zusammenstößen mit amerikanischen Schiffen und auch der Kreuzerfregatte* OLGA *kam. Erst als das Ruder brach und die Anker aus dem Grund rissen, war das Schicksal des Schiffes besiegelt. Die ungeheure Wucht der Brandung schleuderte es über das Riff, wobei es zerschmettert wurde. Ein einziger Offizier, der Leutnant zur See Gaedeke, und vier Mann der Besatzung (sowie die fünf weiteren Besatzungsmitglieder, die vor dem Orkan zur*

Wache vor dem Konsulat abgeteilt worden waren) überlebten die Katastrophe. 73 Mann kamen um. Vom Schiff selbst waren, als der Sturm
nachließ und das Wasser zurückging, nur noch kleine Wracktrümmer
auf dem Riff zu finden.

Wenigstens die seit September 1888 unter dem Kommando von Korvettenkapitän Freiherr von Erhardt stehende, am 14. Dezember vor Apia
eingetroffene Kreuzerkorvette OLGA, die am 18. Dezember ebenfalls ein
Landungskorps ausschiffte und bei den Kämpfen zwei Offiziere und 13
Mann verlor, war vom Glück begünstigt. Vom Sturm zwar beschädigt,
wurde das 2424 t große Schiff nach dem Verlust der Anker auf einen
steinlosen, schlammigen Teil der Strandfläche getrieben.

Bereits am 29. März konnte der nur 1815 BRT große, 1886 erbaute
NDL-Dampfer LÜBECK die gestrandete OLGA freischleppen. Bemerkenswert ist, daß samoanische Eingeborene bei dieser Aktion unaufge-
fordert Hilfe leisteten. Die seemännische Verbundenheit war in der Stunde der Not größer als der Haß auf die weißen Eindringlinge, die sich als
die wahren Machthaber über dieses Paradies aufspielten. Die LÜBECK
überführte die OLGA nach Sydney, wo sie nach zweimonatiger Dock-
und Reparaturzeit die Heimreise antreten konnte.

Von den amerikanischen Schiffen strandeten beide Einheiten, zunächst wurde die Schraubensloop VANDALIA auf das Riff getrieben, wenig später auch die Fregatte TRENTON, die sich dabei in den Rumpf der
VANDALIA hineinbohrte. Beide Schiffe wurden wrack und als Totalver-
lust abgeschrieben.

Nur der englische Dampfer (die stählerne Korvette) CALLIOPE hatte
das Glück, die freie See zu gewinnen, ein mit seemännischer Umsicht
gewonnenes Glück, aber auch nur, weil man auf diesem Schiff handelte,
als der Sturm noch nicht seinen höchsten Grad erreicht hatte ... und weil
Dampfkessel und Maschine auf das allerhöchste angespannt wurden.
Wäre nur der geringste Zwischenfall bei dieser Fahrt auf Leben und Tod
eingetreten, so wäre auch dieses Schiff unrettbar verloren gewesen, während es so, obwohl freilich schlimm zugerichtet, erhalten blieb ... Die genaue Zahl der Opfer an Bord der amerikanischen Schiffe ist noch nicht
ermittelt worden. Fest steht, daß in dem Taifun 200 Menschen umge-
kommen und eine noch größere Zahl verletzt worden sind ... Es verdient
der besonderen Unterstreichung, daß die Zahl der Opfer wohl noch größer gewesen wäre, wenn nicht die »bösen« Eingeborenen mit dem ersten
Tageslicht zur Stelle gewesen wären, um zu retten, um zu helfen. Ob-

*wohl man sich bei den furchtbaren Orkanböen kaum aufrecht halten
konnte, wagten sich doch mutige Samoaner in die Brandung, um Menschenleben zu retten. Sie bildeten Hand-über-Hand-Ketten, um in der
Brandung zu überstehen und zu überleben und nicht herausgezerrt zu
werden. Sie bargen auch die überlebende Besatzung von der gekenterten
ADLER mit Tauen und Booten ab, als Wind und Seegang nachließen.
Und der deutsche Konsul belohnte, nein bezahlte die Rettung jedes Lebenden mit fünf Dollar und die Bergung jedes Toten mit nur drei. Die
stolzen Samoaner nahmen das Geld nur an, um den Konsul nicht zu
verletzen ...(5)*

Nach dem Sturm glätteten sich zunächst auch die politischen
Wogen. Im Frühjahr 1889 unterzeichnete man in Berlin ein
Samoa-Abkommen, in dem wieder einmal Großbritannien, die
USA und Deutschland gemeinsam das Aufsichtsrecht ausüben
sollten. Malietoa kehrte zurück und wurde zum Oberkönig ausgerufen. Nach seinem Tod holte man Mataafa aus der Verbannung, was dieser allerdings zum Anlaß nahm, seine Landsleute
erneut gegen die Deutschen aufzuwiegeln. Kurzerhand setzte
man ihn auf Jaluit fest.

Ein Aufstand am Neujahrstag des Jahres 1899 gegen die Engländer und Amerikaner wurde von deren Flotteneinheiten blu-
tig niedergeschlagen. Auch sie erlitten erhebliche Verluste. Nach
weiteren Verhandlungen verzichtete England auf Samoa und
wurde dafür mit einigen Salomonen-Inseln, den Tonga-Inseln
und Niue entschädigt. Deutschland erhielt die beiden großen
Inseln Savai, 1707 km², und Upolu, 868 km², sowie die kleinen
Inseln Manono und Apolima, 13,2 km². Den USA wurden Tutuila, 139 km², die Manua-Inseln, 58,5 km², und die Insel Rofa,
1,5 km², zugesprochen.

Durch Abschaffung der Monarchie sollte nun das politische
Verwirrspiel ein Ende haben. Am 1. März 1900 hißte der Gou-
verneur Dr. Solfs die schwarzweißrote Flagge über Deutschlands
neue Untertanen. Die steigende Kopraausfuhr machte Samoa
zum aussichtsreichsten Schutzgebiet im Pazifik. Bereits 1909 be-
nötigte es keine Zuschüsse des Reiches mehr und konnte sich
aus eigenen Einnahmen erhalten.

Der Erste Weltkrieg beendete schließlich den deutschen

Traum vom Weltreich. Der deutsche Teil Samoas wurde 1919/20 Völkerbundsmandat und 1947 Treuhandgebiet unter neuseeländischer Verwaltung. Am 1. Januar 1962 wurde es als West-Samoa selbständig und der politischen Struktur nach wieder eine Häuptlingsaristokratie.

Biographie des Kanonenboots Eber

1886: Auf der Kaiserlichen Werft in Kiel wird mit dem Bau des Kanonenbootes, Baunummer 10, begonnen.

1887: Am 15. 2. 1887 findet der Stapellauf statt. Taufpate ist der damalige Chef der Marinestation der Ostsee Vice-Admiral v. Wickede.

Ende September findet die erste Probefahrt mit gutem Ergebnis statt.

Am 10. 11. 1887 läuft Eber bereits in Kiel aus, um in der Südsee der Kreuzerkorvette Olga die Rückkehr zum Kreuzergeschwader zu ermöglichen und das Kanonenboot Albatross zu ersetzen.

1888: Am 24. 4. 1888 trifft Eber in ihrem Bestimmungshafen Apia (Samoa) ein. Der Kommandant meldet sich bei dem dienstältesten Seeoffizier der Station, dem Olga-Kommandanten, Korvettenkapitän Strauch. Dieser übergibt noch am selben Tag die Dienstgeschäfte an den Kommandanten des Kreuzers Adler, Korvettenkapitän v. Wietersheim, und schließt sich in Ostasien dem Kreuzergeschwader an.

Während der gemeinsamen Liegezeit von Eber und Adler tritt ein Ereignis ein, das in der deutschen Marinegeschichte nur selten vorkam. Der Kommandant der Eber, Kapitänleutnant Bethge, hatte bereits auf der Ausreise Zeichen hochgradiger Nervosität gezeigt. In Apia verschlimmert sich das Krankheitsbild derart, daß der I. Offizier, Leutnant zur See Emsmann, dem dienstältesten Seeoffizier davon Meldung macht. Nach

Prüfung der Situation durch Korvettenkapitän v. Wietersheim befiehlt dieser dem Kommandanten der EBER, sich sofort krank zu melden und das Kommando an den I. Offizier zu übergeben. Der Chef der Admiralität billigt durch Erlaß vom 7. 8. diese Maßnahme. Kapitänleutnant Bethge wird nach seiner Heimkehr auf einem Handelsdampfer aus dem Dienst der Kaiserlichen Marine entlassen.

Bemerkenswert erscheint, daß dieses Ereignis in den hier veröffentlichten Briefen keinerlei Erwähnung findet. Entweder ist es gelungen, diesen Umstand vor der Mannschaft geheim zu halten, oder sie wurde zu strengstem Stillschweigen veranlaßt.

Ende Juli läuft EBER zu einer planmäßigen Rundreise nach den Marshall-Inseln aus. An Bord befindet sich der Kaiserliche Regierungskommissar Biermann. Dabei werden einige Strafen gegen Eingeborene verhängt, die u.a. einen deutschen Stationsleiter ermordet hatten. Aus den Berichten des Kommandanten geht hervor, daß die amerikanische Missionsgesellschaft die Eingeborenen mit Feuerwaffen versorgt.

Am 22. November kehrt EBER nach Apia zurück. Der neue Kommandant, Kapitänleutnant Wallis, übernimmt die Führung des Kanonenbootes. Leutnant zur See Emsmann, der bislang das Kommando hatte, übernimmt die Aufgabe des Navigationsoffiziers der von Ostafrika zurückgerufenen Kreuzerkorvette OLGA, Leutnant zur See Eckardt, der nunmehr I. Offizier wird. Der Grund des Rückrufs der Korvette sind die ausgebrochenen Kämpfe zwischen den Anhängern des deutsch-freundlichen Häuptlings Tamasese und denen des von den Amerikanern und Briten unterstützten Mataafa.

Am 18. 12. kommt es in Vailele zu einem verlustreichen Gefecht zwischen den Landungskorps von ADLER und EBER und den Mataafa-Anhängern.

1889:   Die Spannungen zwischen Amerikanern und Deutschen werden immer größer und bilden die eigentliche Ursache der Katastrophe für die dort eingesetzten Schiffe.

Trotz der Erkenntnis, daß ein schwerer Taifun aufzieht, kann sich keiner der Kommandanten entschließen, diesen auf offener See abzuwettern, sondern beläßt die Schiffe im ungeschützten Hafen von Apia. Dies geschieht einerseits aus einem gewissen Prestigedenken, andererseits aus Furcht, daß die Abwesenheit der Kriegsschiffe Grund zu neuen Übergriffen bieten könnte.

Am 16. März 1889 kommt es dann zu dem folgenschweren Ereignis. Bis auf den britischen Kreuzer CALLIOPE, der in letzter Minute den Hafen verläßt, werden alle anderen Schiffe von dem Taifun betroffen. Die Kreuzerkorvette OLGA kommt ohne größere Schäden davon. ADLER und EBER gehen unter. Die Wucht der Brandung schleudert EBER auf ein Riff. Ein einziger Offizier (Leutnant zur See Gaedeke) und vier Mann der Besatzung überleben die Katastrophe. Fünf Schiffsangehörige sind an Land zur Bewachung des Konsulates abgeteilt. Alle anderen 73 Besatzungsangehörigen finden den Tod.

Kanonenboot Eber (I)

Stapellauf/Bauwerft:
15. 2. 1887, Kaiserliche Werft Kiel
Baunummer 10
Querspant-Eisenbau
»Ersatz ALBATROSS«

Schiffsart und -klasse:
Kanonenboot
Einzelschiff

Besatzung:
81 Mann

Technische Angaben:
Gewicht: 582/735 t
L: 48,50 m/51,70 m
B: 8,40 m
T: 3,80/3,10 m

Antrieb:
liegende 3-Zyl.-2fach-Expansionsmaschine
mit 760 PSi für 11,0 kn. (Außerdem als Bark geriggt)

Bewaffnung:
3 Ringkanonen − 10,5 cm L/36
4 Revolverkanonen

Indiensthaltung und Kommandanten:
25. September 1887 bis 16. März 1889
Kapitänleutnant Bethge 9.87 − 8.88
Leutnant zur See Emsmann (i.V. 8.88 − 11.88
Kapitänleutnant Wallis (Eugen) 11.88 − 3.89

Angaben nach (9) und (10)

Das als Bark geriggte Kanonenboot S.M.S. EBER. Aus: Gröner, Band 1

Quellenverzeichnis und Hinweise auf weiterführende Literatur:

(1) Allers C. W.: Unter deutscher Flagge. Leipzig 1900.
Christian Wilhelm Allers wurde am 6. August 1857 in Hamburg geboren. Nach seiner Ausbildung in der renommierten Hamburger Lithographenfirma Mühlmeister studierte er an der Karlsruher Akademie bei dem Historien- und Landschaftsmaler Professor Ferdinand Keller. Die Militärzeit leistete er in den Jahren 1880/1881 als Einjährig-Freiwilliger bei der Kaiserlichen Marine in Kiel ab. Viele seiner Arbeiten haben die Marine zum Thema, wobei der Schwerpunkt nicht die Darstellung der Schiffe war, sondern die Menschen, die auf ihnen fuhren.
Der Wohlstand seiner Hamburger Kaufmannsfamilie gestattete ihm ein sorgenfreies Künstlerleben und die Möglichkeit, auf mehreren Weltreisen Studien zu treiben. Der beschauliche Aufenthalt auf der italienischen Insel Capri wurde durch die Verwicklung in einen skandalumwitterten Prozeß beendet, dessen Urteil er sich jedoch durch die Flucht entziehen konnte. Kurz vor Ausbruch des Ersten Weltkrieges kehrte er nach Deutschland zurück, wo er am 19. Oktober 1915 in Karlsruhe starb.

(2) Bericht des Oberkommandos der Marine, Berlin, vom 1. Mai 1889 an den Staatssekretär des Reichs-Marine-Amts, Herrn Heussner Excellenz.
Er enthält die Abschriften der über den Verlust des S. M. Kreuzers ADLER und des S. M. Kanonenboots EBER sowie die Strandung der S. M. Kreuzerkorvette OLGA im Orkan vom 16. März 1889 eingegangenen Berichte. Bestandsbezeichnung RM 3/V, Aktenband Nr. 2999, Nr. 19 — Nr. 78, Bundesarchiv-Militärarchiv, Freiburg i.Br.

(3) Beckmann, G.; Keubke, K. U.: Alltag in der Kaiserlichen Marine. Berlin 1993

(4) Boelcke, W. A.: So kam das Meer zu uns. Berlin 1981

(5) Brennecke, J.: Der CALLIOPE-Taifun. In: Schiff und Zeit Nr. 30, Herford 1989, S. 13

(6) Ehlers, O.: Samoa, die Perle der Südsee. Berlin 1895

(7) Geschichte mit Pfiff, Nr. 11, 1990

(8) Graudenz, K.; Schindler, H. M.: Die deutschen Kolonien. Geschichte der deutschen Schutzgebiete in Wort, Bild und Karte. München 1982

(9) Gröner, E.: Die deutschen Kriegsschiffe 1815–1945, fortgeführt und herausgegeben von D. Jung und M. Maass. München 1982, Bd. 1

(10) Hildebrand, H. H., et al.: Die deutschen Kriegsschiffe. Biographien. Herford 1979 ff. Bd. 2, 1980

(11) Krämer, A.: Die Samoainseln. Papakura, Neuseeland 1902–05, 2 Bd., S. 55

(12) Kurze, G.: Samoa, das Land, die Leute und die Mission. Berlin 1900

(13) Marquart: Der Kampf um und auf Samoa. Berlin 1899

(14) Petschull, J.; Gillhausen, R., u. Höpker, T.: Der Wahn vom Weltreich. Hamburg 1984

(15) Reinecke, F.: Samoa. Berlin 1902

(16) Schultz-Ewerth, E.: Erinnerungen an Samoa. Berlin 1926

(17) Schultz-Naumann, J.: Unter Kaisers Flagge. München 1985

(18) Schwabe, K.; Leutwein, P.: Die deutschen Kolonien. Berlin 1926

Bildnachweis

Allers, C. W.: Unter deutscher Flagge. Leipzig 1900. Sofern nicht anders angegeben, sind die hier verwendeten Zeichnungen diesem Titel entnommen.

Beta, O.: Das Buch von unsern Kolonien. Berlin 1902

Dorn, A.: Die Seehäfen des Weltverkehrs. Leipzig 1899

Roskoschny, H.: Europas Kolonien. Die Deutschen in der Südsee. Leipzig 1886

Schmack, K.: J. C. Godeffroy & Sohn. Kaufleute zu Hamburg. Leistung und Schicksal eines Welthandelshauses. Hamburg 1938

Die Illustration im Vorsatz zeigt
Das Kanonenboot EBER. Originalzeichnung von H. Penner.
Aus: Illustrirte Zeitung vom 30. April 1887 (Archiv DSM)

Im Nachsatz: Karte aus Beta, O.: Das Buch von unseren Kolonien, 1902

In gleicher Ausstattung sind bereits erschienen:

Irene Buss
Eine Frau auf Großer Fahrt
Unter den Gesetzen der Mannschaft
216 S. + 16 S. s/w Bildteil
DM 36,-/ö.S. 281,-/sFr 37,-

Christine Reinke-Kunze
Aufbruch in die weiße Wildnis
Die Geschichte der deutschen Polarforschung
480 S. + 48 S. z.T. farb. Bildteil
DM 48,-/ö.S. 375,-/sFr 49,-

Claus D. Wagner
Die Segelmaschine
Der Flettner-Rotor: Eine geniale Erfindung
und ihre mögliche Renaissance
216 S., durchgehend s/w illustriert
DM 29,80/ö.S. 233,-/sFr 29,80

Franz von Wahlde
Ausgebüxt
Bordtagebuch eines Schiffsjungen 1884-1886
292 S., 75 Abb.
DM 36,-/ö.S. 281,-/sFr 37,-

Adolph Woermann
Wie die Windrose dreht
Die Abenteuer meines Lebens
zwischen Afrika und Hamburg
360 S. + 12 S. s/w Bildteil
DM 39,80/ö.S. 311,-/sFr 39,80

Ernst Kabel Verlag